JN411904

빛의 3중성

The Tripartite Nature Of Light

빛의 3중성

울림을 통한 새로운 우주질서

A New Cosmic Order Through Resonating

김준식 지음

17세기 뉴턴의 프리즘 입자설
19세기 토마스 영의 이중실릿 파동설
20세기 초 아인슈타인의 광전효과 입자설 빛의 2중성 완성
2026년 김준식 작가, 물리학계에 빛의 3중성(입자, 파동, 울림) 최초 주장
빛으로 물리학과 의식세계를 연결하다

좋은땅

들어가는 말

물리학계에 대반전이 일어날 것인가. 빛은 관찰자의 시점에 따라 입자가 되고 때로는 파동이 됩니다. 그런데 아이작 뉴턴, 토마스 영, 아인슈타인 등은 물질에 관찰의 시점이었습니다. 살아 있는 생물에 대한 관찰자 시점은 빛은 울림이라는 것입니다. 저자는 인간과 식물에 대한 관찰의 시점으로 빛의 3중성 즉 입자, 파동, 울림으로 서술하고 있습니다.

아인슈타인은 자연의 법칙은 어떠한 원칙이 있고 질서가 있지만 인간의 세계에서는 다양성을 존중하고 자유의 원리가 지배하여 자연과 인간의 세계는 기본 중심이 다르다고 했습니다. 그런데 저자는 자연의 세계와 인간의 세계는 기본 중심이 같고 하나의 뿌리에서 나온다고 주장합니다. 그 하나의 뿌리가 빛의 울림입니다. 그래서 빛의 3중성을 주장하게 되었습니다. 빛의 울림은 자연의 현상에도 있지만 인간의 세계에서도 삶을 주관하고 있다는 것입니다. 여기 빛의 3중성이 왜 우주의 존재 가운데 있으며 양자역학적 측면으로 빛은 입자, 파동, 울림을 통하여 우리가 살아가는 세계를 바라보고자 합니다. 기존 물리학계는 빛의 이중성 입자, 파동입니다.

저자는 빛의 세계를, 의식을 끌어당겨 빛의 3중성을 주장합니다.

그 근거는 양자역학입니다. 양자역학은 원자핵과 전자 사이에 원자를 이루는 구성과 힘을 이야기하는 것으로 그 힘은 에너지를 흡수 방출합니다. 우리 몸은 양자에너지가 있습니다. 그 속에 있는 빛은 전율로 이어지고 생명체의 에너지가 됩니다. 프리즘과 금속판에서 실험은 빛은 입자 파동이지만 미시적인 양자의 세계에서는 빛은 울림으로 의식을 일으킵니다.

우주를 양자역학으로 해석할 수 있습니다. 우주는 원자로 되어 있고 원자에는 양자역학으로 에너지가 존재합니다. 그 에너지의 힘이 우주를 이루었습니다. 양자의 세계를 증명하기 위하여 1926년 슈뢰딩거는 파동역학을 제안하였고 1927년 하이젠베르크는 불확정성 원리를 발표하였습니다. 전자의 위치와 운동량을 동시에 측정할 수 없다는 원리로 말입니다. 저자는 양자의 세계에서 행렬역학과 파동역학은 존재하지만 에너지의 본질은 의식을 일으키는 울림이라는 것입니다. 모든 생명체가 물질의 존재가 아닌 것은 이러한 빛의 울림이 있기 때문입니다. 우리 뇌에는 지금도 양자의 에너지가 수없이 일어나고 있습니다. 양자역학에서 일어나는 에너지는 우리가 생각하고 결정하고 행함을 일으키는 에너지가 있습니다. 양자역학은 입자와 파동으로 이루어졌지만 양자에너지는 입자와 파동이 울림으로 일어난다는 것입니다.

저자는 양자역학의 미시세계에서 빛은 울림이라는 것입니다. 거시세계에서는 입자와 파동이 일어나지만 미시세계에서는 빛의 울림으로 인하여 존재가 일어나고 생성하고 생명체가 살아 움직이고 있다는 것입니다. 뉴턴의 입자성, 토마스 영의 파동성, 광전효과의 입자성, 그리고 양자역학의 양자울림이 우주를 열어 가고 있다고 봅니다. 입자와 파동은 물질적 속성이기에 물질이 우주를 이룬다는 것은 이해하기 힘듭니다. 빛은 양자역학 속에 내면을 일으키는 울림이 있기에 우주가 완성된다는 것입니다.

지금의 우주를 한 점으로 축소한다면 뭐가 남을까요. 바로 원자입니다. 그러면 원자 안에는 원자핵을 이루는 중성자, 양성자, 그리고 원자핵 주위를 도는 전자가 남게 됩니다. 양성자, 중성자, 전자는 사실 입자입니다. 입자는 파동으로 움직임이 있기에 원자 안에는 입자와 파동입니다. 그렇게 보면 입자와 파동이 우주를 이루었다고 볼 수 있을 것입니다. 입자와 파동 간의 학문이 바로 양자역학입니다. 그런데 가장 중요한 게 남아 있습니다. 이것이 없다면 우주의 축성은 되지 않았을 것입니다. 바로 빛입니다. 그러면 빛이 어디에서 나온 것인가요. 원자와 빛이 따로 있는 것인가요. 아닙니다. 바로 원자 안에 있습니다. 원자핵과 전자 사이에 빛이 일어납니다. 수천 년 동안 빛의 존재를 연구하기 시작했고 본격적인 과학적 접근은 인류사의 가장 위대한 17세기 과학자 뉴턴이었습니다. 그는 프리즘을 통하여 빛을 연구하였고 여러 색이 나오는 것을 보고 입자임을 발견합니다. 19세기 초 토마스 영은 이중실릿을 통하여 빛의 간섭무늬를 발견하여 빛의 파동성을 주장하였고 1905년 아인슈타인의 빛의 광전효과로 물리학은 빛의 이중성 입자와 파동으로 결론을 짓습니다. 빛의 이중성은 빛이 상황에 따라 파동과 입자의 두 가지 성질을 모두 나타낸다는 현대 물리학의 핵심 개념입니다. 고대부터 빛의 성질에 대한 논쟁이 이어졌고, 200여 년 동안 빛은 입자설과 파동설이 논쟁을 이어 왔고 20세기 초 이후로는 물리학계는 빛의 성질을 더 이상 논하지 않게 되었습니다. 그런데 빛의 입자와 파동으로 우주의 축성이 불가하다고 저자는 빛의 3중성을 주장하게 됩니다. 2026년 저자는 빛의 3중성으로 주장합니다. 이유는 빛의 입자와 파동으로 우주를 열어 가는 것보다 새로운 시각인 빛의 3중성으로 빛을 해석했으며 빛의 존재를 기존과 다르게 새롭게 규명하고 있습니다. 저자가 주장한 빛의 3중성은 빛의 입자설, 파동, 그리고 울림입니다.

그런데 빛의 입자와 굴절, 반사 회절 등으로 우주를 설명하기에는 어려움이 있고 그것은 물리적 속성이기에 저자는 빛의 3중성을 내세우게 된 것입니다. 빛의 울림은 식물에게 있어서도 의식을 일으키고 물질에게는 입자와 파동이 되어 나타납니다.

우리 뇌의 뉴런은 양자 얽힘에 의하여 광자가 모든 회로를 연결하여 빛을 내고 있는 거대한 빛의 회로입니다. 그것이 존귀함을 일으키고 온유함을 일으키고 생명을 일으키고 있다는 것입니다. 빛의 울림은 생물에게는 의식을 일으키는 것으로 물질에게 일어나는 현상과 다르게 나타납니다. 그동안 빛의 성질은 물질과 비물질에 똑같은 방식으로 접근해 왔지만 빛의 3중성은 빛의 반응적인 모습을 그려냄으로써 또 다른 세계를 규명하고 있습니다.

여기 1부는 "우주의 완성은 빛의 울림이다"에서 빛은 입자와 파동의 성질이 있지만 빛의 울림이 있어야 진정 우주가 꽃피울 수 있다는 관점으로 접근했으며 빛의 울림의 존재를 물리학과 시로 해석을 하였고 인간은 이성적인 존재보다도 빛의 존재로 인식하고, 2부는 빛의 세계를 이야기하고 있습니다. 우주의 질서와 내면적 기준으로 빛을 시로써 입자와 파동 울림으로 우주를 해석하고 인간의 존재를 해석합니다. 3부는 빛의 3중성으로 기존 빛의 이중성을 대신하여 새로운 빛의 존재를 이야기하고 있습니다.

여기에서 빛은 물질뿐만 아니라 의식의 세계를 일으키는 존재로 보고 있습니다. 빛의 3중성을 현대에 대입하여 빛의 울림을 알아야 하고 빛은 인간과 자연, 그리고 우주의 에너지를 순환시키는 존재, 빛과 의식의 세계에 대하여 기존 빛의 이중성에 대하여 새로운 주장을 하게 됩니다.

생명체의 빛의 존재는 전율에 의하여 에너지를 얻습니다. 그것은 울림이지요. 존재의 근원이 빛에 있기에 우리 인류는 빛의 성질을 알아야 하고 우주는 물리세계와 의식세계를 연결하는 것이 빛에 있음을 이 책에서는 강조하고 있습니다.

차례

2부 빛의 울림의 세계

3부 빛의 3중성

1부

우주의 완성은
빛의 울림이다

빛의 울림 1

갈릴레이는 우주의 중심이 지구에
있지 않다고 하여 교황청에서 파문을 당했다
태양계에서는 지구는 공전하고 있으며
태양이 중심이다

우주에서 보면 지구는 중심이 아니다
그러나 푸른 빛을 띠는 지구가 우주의 결정체이다
그 증거는 무엇인가
빛의 울림 때문이다

아인슈타인이여
송이에게 일어나는 빛은 입자인가 파동인가
입자와 파동은 물질의 속성이라고 말했는데
송이는 물질이 아닌데 그에게 일어나는 빛은
무엇인가

토마스 영이여
송이에게 일어나는 빛을 간섭무늬라고 말할 수 있겠는가
우주에서 일어나는 빛을 보면
송이는 우주의 결정체다

그곳에는 빛의 파동이 있고 입자가 있고 울림이 있다
송이의 몸짓은 입자와 파동이지만
송이의 눈빛과 아름다운 숨결은
존귀함과 온유함을 일으키는 울림이다

송이의 뇌에서 일으키는 빛은 의식을 일으키는데
송이의 아름다운 심연의 대지를 파동이라 할 수 있겠는가

우주의 많은 별들은 입자와 파동으로 이루어졌다
그러나 송이의 모든 것을 일으키는 빛은
입자와 파동의 몸짓이 아니라,
온유함을 일으키는 빛의 울림의 생명체다

우주의 목적은 입자와 파동의 몸짓에 있는 것이 아니고
빛의 울림에 있다

빛의 울림 2

한 아기의 탄생은 양전하와 음전하의 만남이다
우주 탄생도 양성자와 전자의
쌍으로 우주가 탄생했다
그것이 수소 원자다
그것으로 인하여 원자핵 융합으로 우주를 이루었다

원자 안에는 전자의 에너지 흡수 방출 등으로
빛이 나온다. 원자핵 융합으로
무수한 빛이 나오고
그 빛이 우주를 이루었다

인간도 마찬가지이다
우리 몸 안에 있는 수소 산소 물 등은
원자핵 융합으로 이루어졌고 생명이

탄생했다
그리고 빛은 의식을 일으키고
생명을 일으켰다

그대의 차오르는 숨결

그대의 선한 눈빛
그대의 아름다운 목소리
그것의 깊은 심연은
빛의 울림에서 나온 것이었다

그대는 원자로 되어 있지만
그 속에서 나오는 빛은
존귀함과 온유함이었다

그대와 노래를 부를 때 하늘의 영광이 넘치었고
온 세상이 아름답게 솟아나고 있었다
토마스 영이 주장한 간섭무늬의 파동이 아니었다
어머니의 노래를 부를 때 그대에게 나오는 눈물은
기쁨과 소망 그 애절함이 그대 얼굴을 묻고 있었다
어찌 그것을 간섭무늬와 같은 파동이라고 할 수 있겠는가

관찰자의 시점에서 보면
빛은 입자가 되고
파동이 된다

그런데 물질을 관찰하면 입자, 파동이지만
생명체의 관찰의 시점을 보면 빛은 울림이라는 것이다

지금까지 빛의 실험은 물질에 관한
것이었다
식물을 보면 빛은 입자와 파동의 세계로
존재하는 것으로 보이지만
식물의 본질은 빛의 울림이다
식물의 입자 파동은
몸짓이다

그들에게도 감정이 있고 기쁨이 있고
상한 갈대를 꺾지 아니하는 것은
그들에게 아픔이 있기 때문이다
식물도 생각이 있고 소망이 있다

식물은 빛을 온몸으로 받고 있다
빛이 식물의 모든 것을 끌어당기고 있다
식물 DNA는 꽃 색상, 잎의 형태 등으로
다양한 생물학적 특성을 조절한다
그 얼마나 울림이 일어났던가
식물이 꽃이 피는 것은 경이롭고 아름답다
빛의 울림이 의식을 가지며
피어나고 있다

우주의 완성

우주의 완성은 빛의 울림에 있다
용을 그리고 난 후에 마지막으로
눈동자를 그려 넣었더니
그 용이 실제 용이 되어 홀연히 구름을 타고
하늘로 날아 올라갔다는 화룡점정의 이야기가 있다

만약 신이 우주를 창조했다면
아니면 우주는 우연히
창조된 거라고 믿는 사람이건

우주의 화룡점정은 입자와
파동이 아니라
빛의 울림이었다

그것이 있었기에 우주가 심장처럼 뛰고 있는 것이다

빛은 생명을 만든다

식물도 빛을 먹는다
새벽에 도달한 햇빛을 두고
모든 식물이 벌이는 이 경이로운 행위는
수백만 번에 걸쳐 생명을 불어넣는다

빛은 생명을 만든다

어디 식물뿐인가
사람도 마찬가지이다
빛은 참 생명을 불어넣는다

뇌가 일으킨 모든 행위는 빛에 있다
빛이 있기에 나의 뇌가 호흡하고 있다
우리의 생각, 움직임, 감정까지 모든 것은 '뉴런'이라는 세포에서 시작된다

전기 신호를 만들어 다른 세포로 전달하며, 뇌와 몸을 하나로 연결하는 뉴런

빛의 울림이 있기에
생각, 움직임, 감정을 불러일으키는 것이다

빛이 온 우주를 일으켰다

우주에서 이 땅에 쏟아지는 빛
그것은 알갱이로 쏟아졌고
때로는 파동으로 쏟아졌다

빛이 있었기에 우주가 탄생했다
무엇이 일으켰는가
이 땅이 소생하고 호흡하고
모든 생명의 근원은 어디에서 나왔는가

그것이 있었기에
탄생하고 성장하고 열매를 맺지 않았는가
우주의 심장은 빛이었고
빛의 심장은 울림이었다

입자와 파동은 몸짓이고
울림이 있었기에 우주가 탄생하였다
그 울림은 존귀하며 온유함을 일으켰고
존재의 의미를 되살렸다

존재의 모든 세포는 몸짓이 아니다

울림이 있었기에
소망을 가질 수 있었고
생명을 자라나게 했다

우주가 살아가는 이유

우주가 지금까지 존재하는 이유는
빛이 있었기 때문이다
빛이 없다면 핵융합으로
우주 축성은 불가했을 것이다

입자와 파동으로는 우주 축성은 불가능한 일이다
입자와 파동으로 나의 몸과 우주를 이룰 수 있지만
그곳에 머물러서는 안 된다
그것은 몸짓이기 때문이다

그것으로 어떻게 우주와 나를 이룰 수 있겠는가

빛이 온 우주를 휘감았다

우주의 찬연한 숨결은 빛으로부터 시작되었다
빛은 지구의 모든 대지에 간섭무늬로
에너지를 전달하며

연둣빛 잎새에서부터 노오란 단풍으로
형형색색으로 수놓았다

빛의 울림은 생명을 탄생시켰다
의식을 일으키며
생각을 자아내게 했다

자기 몸을 기억해 내며
언제 꽃피울지를 그들은 학습을 통해 알고 있다

모든 생명체는 DNA를 유전정보를 가지며
식물 역시 세포핵 안에 그것이 존재해
성장 발달 대사 유전적 특성을 결정한다

그것은 빛의 울림에서 나온 것이다

우주의 모든 것을 연결하다

우주를 연결하는 전자기력인 빛은
왜 태어났는가
시공간 속의 모든 만남은 빛에서
이루어진다

입자와 파동은 물질의 본질적 성질로
우주를 수놓았고 입자와 파동 울림은
생물의 본질적 성질로 우주를 연결했다

우주가 빛의 물리적 속성이라 한다면
그것은 몸짓에 불과할 것이다

이제는 빛의 울림의 시대다

꽃봉오리가 피어나는 것은

모든 식물들이 빛의 파동 때문에
에너지가 전달된다
그러나 식물들이 꽃봉오리가 피어나는 것은
그것 때문이 아니다
빛의 울림 때문이다
잎새에 뇌가 자라나고
그들에게 시각과 청각이 있다
빛에는 생명의 원소가 있다

그래서 벚꽃이 화들짝 피어나고
순결한 목련화 꽃이 피어나는 것이다

베토벤의 합창

여기 찬연한 대지의 숨결이 피어오른다
기쁨이 넘치고 모든 인간은 형제가 된다

희망과 인류애를 노래하는 베토벤의 교향곡 9번. 환희의 송가가 울려 퍼지는 순간,
모든 이들이 하나가 된다
우주의 대미를 장식할 이 장대한 합창 속에서, 음악이 전하는 감격과 환희,
그 무엇으로 표현할 수 있겠는가
빛의 울림은 베토벤의 합창 소리와 같다

그 감격, 우주의 창대한 소리를 들어 본 적이 있는가
우주는 그것 때문에 진한 감동이 몰려온다

우주의 심연

그 울림이 없었다면
우주의 탄생은 존재하지도 않았다
연초록 잎새는 경이롭게
산소를 토해내고

그것으로 얼마나 많은 생명의 탄생이
이루어졌는가
빛의 파동은 에너지를 전달하지만
빛의 울림은 우주를 지휘한다

대자연의 숨소리는 이곳에서 나왔다
찬연한 가을의 햇살을 머금고
금빛 물결의 벼들은 고개를 숙이며
노래한다

우주의 심연은 이곳에 있다

내가 가진 모든 것을

행운을 찾는 자여
축복을 찾는 자여
다 이리로 오라
그곳은 모래를 금빛으로 만들며
너희를 이 세상에서 가장 부유한 자로
만들 것이라

네가 가진 모든 것을
찬란하게 만들 것이라

모든 새싹들이 빛의 울림으로 피어나고
대합창의 소리를 들어 보아라
위버맨쉬를 찾는 자들이여
경이로운 소리를 들어 보아라

우주의 꽃이 여기에서 피어날 것이라

가장 큰 축복

내가 네게 큰 복을 주고 네 씨로 크게 성하여
“하늘의 별과 같고 바닷가의 모래와 같게 하리니”의 아브라함의 축복보
다도
그 축복은 축복 중의 축복이라

이 세상의 가장 큰 축복은
머리에 쓰는 탐욕이 있는
왕관에 있는 것이 아니다

그것을 쓰기 위해
그 얼마나 악행을 행하고
자신을 감추고
포장하였던가

그곳은 영원한 생명샘이 일어나는 곳이다
높고 높은 그곳
세상을 일으키는
이 세상에 가장 존귀한 곳이다

깊은 울림

우리의 삶 속에 울림이 없다면
황폐한 삶이나 마찬가지이다
무엇을 위하여 우리는 살아가야 하는가

깊은 울림을 체험하라
울림이 없는 삶은 죽은 시인의 삶이다
경전을 천만 번 읽어도 울림이 없다면
그것은 지식일 뿐이다

우리가 살아가는 힘
그 힘은 빛에서 나왔다
빛은 단지 입자와 파동이 아니다
울림이다

깊은 울림이 있기에 내가 살아가는 것이다

빛은 만물의 심장

빛은 온 세상을 물들이고 있다
계절에 따라 옷을 입히고
석양 노을에 붉게 물들이고 있다

그러나 그보다 중요한 것은
빛은 만물의 심장이라는 것이다

빛이 있기에 모든 만물이 피어나는 것이다
온유한 햇살은 대지 안에만 있는
것이 아니다
우리 안에도 있다

너와 내가 울림이 되어
나아갈 때
어둠의 장막이 사라지고
빛의 울림이 시작된다
그 울림이 세상을 깨우리라

빛으로 이루어진 형상

이 세상은 빛으로 이루어진 하나의 형상이다
그리고 인간은 빛의 형상이다
만물은 빛의 속삭임이다
모든 지혜는 빛에 있다

그것은 선한 울림으로
바라보고
선한 울림으로 호흡하고
우리의 사고는 선한 울림으로
생각의 범위를 넓히라는 것이다

인간은 이성적인 존재 이전에
선한 울림으로 이루어진 육체와 정신의 존재다

나를 이루는 모든 세포는 빛으로 생성되었고
의와 참으로 이루어졌다
그것이 내 안에 일어날 때 슬픔이 위로가 되고
기쁨이 솟아나리라

아나니아와 삽비라의 욕망이 사라지고

우리 몸에 선한 울림이 일어날 때

나의 나 됨이 일어나리라

나의 존재

내 안에 빛이 없다면
얼음의 절벽에서
어둠 속에 나는 갇혀 있을 것이다

빛이 있기에 그리움이 있고
사랑의 노래를 부를 수 있었다

빛이 없다면
나의 존재는 거친 사막에 홀로 서 있는 것이리라

빛은 단지 어둠을 밝히며 다가오는 존재가 아니다
내가 살아 있어도 사는 것이 아니고
내가 가는 인생길에
목적이 있는 삶을 인도하는 존재다

빛은 나의 소망을 일으키는 실존이다

나의 존재자

신이 내게 선물한 것 중 가장 위대한 것은
그 울림이었다
그 울림은 온갖 보물보다 더 귀하고
나의 연약함을 채우고
내가 사망의 골짜기에 서 있어도
나의 나 됨을 그
온유함으로 채우고 있다

그것은 어둠을 밝히는 존재가 아니었다
내 영혼을 깨우고 나의 심연의 대지에
푸르른 결실을 맺게 하는 존재였다

삶의 모든 것이 그 안에 있었다
나의 동반자이며
나의 존재자였다

내 안에 그것이 일어날 때

내 안에 그것이 일어날 때
나는 강인한 힘이 일어난다

빛의 성실함이 일어나고
빛의 평강이 일어나고

푸르른 오월의 햇살이 일어난다
내가 가진 상처, 내가 가진 분노가 치유되고
내 안의 심연의 대지는
푸르른 새싹이 돋아난다

빛은 만물의 주재가 되사 손에 권세와 능력이
있사오니 모든 사람을 크게 하심과
강하게 하심이 빛의 손에 있나이다

모든 만물은 입자와 파동 울림으로

나의 육신은 입자와 파동인 것처럼 보이지만
선한 울림이 있기에 나는 존재하는 것이고
내가 살아가는 것이다

나의 신경세포는 빛의 얽힘으로
감싸여 있다
그것은 나를 존귀하고 온유한 세계를
불러일으키고 있다

그리움과 애처로움뿐만 아니라
모든 감정이 그곳에서 불러일으키고 있다

내가 단지 살아가기 위해서 비타민과
같은 영양소를 흡수하고
몸 건강을 위하여 현미밥을 먹고
나의 육신이 살아갈 수 있지만

그것이 나의 존재 이유라면
나는 살아가는 의미가

없을 것이다

내가 살아가야 하는 이유는
나의 욕망을
저 찬연한 대지에 쏟아내고
내가 바로 서는 것이리라

무소의 뿔처럼 혼자 가는 것이 아니다
대 우주의 합창에 함께 서는 것이라

빛의 울림으로 사람을

빛의 존귀한 울림으로 사람을 바라보고 싶다
그곳에는 차별이 없고
신분과 계급이 없고
빛이 모든 세계를 빨아들이듯
세상의 유혹을 빨아들인다

빛은 감동을 일으킨다
선한 동력으로 우주를 팽창시키고 있으며
내 안의 세포를 새롭게 태어나게 한다

빛의 의로움이 육신이 되고

의지와 표상으로서의 세계에서
쇼펜하우어는 세상의 본질을
괴로움이라고 말했다

세상은 괴롭고 힘들다
아침이면 어둠이 물러가고
새날이 밝아 오지만
내 안의 삶의 무게는 줄어들지 않는다

나의 욕망을 채우는 것보다
빛의 선한 울림으로 내 안이 가득 차 있을 때
나의 나됨이 일어나는 것인가
내 안에 믿음과 소망 평안이 가득히
불러일으키기 때문이라

빛의 의로움이 내 육신이 되고
빛 성실함이 내 안에 쌓일 때
나는 피곤치 아니하고

어둠 가운데서도 일어나리라

빛의 만남은

빛이 자작나무에 내릴 때
자작나무 줄기들은 환호성을 질렀다
향기로운 꽃잔치를 열기 때문이다

빛의 울림은 경이롭다
자작나무 숲길은
그들의 속살거림에

향긋한 옷을 입고
하루 종일 노래를 부른다

빛의 울림이 내 안에 머물 때

귀가 열리고
눈이 새롭게 뜨이고
보지 못한 것을 본다
모든 만물이 새롭게 보이고
찬연한 숨결이 차오른다

내가 눈이 멀어도

내가 눈이 멀어도
너를 더 많이 볼 수 있고
내가 귀가 막혀도 더 많이
들을 수 있고

내가 걷지 못해도
내가 너에게 다가설 수 있는 것은

어디에서 나오는 것일까
그것은 모든 것을 다가서게 한다

막힌 것을 뚫고 억눌린 자아를 소생케 하는
울림이 있다

빛은 순간순간 변화시킨다

빛은 대기와 사물의 아름다움을 순간순간
변화시킨다

모네의 대성당 수련을 보라
빛으로 그 순간순간이
피어오르지 않는가

빛의 울림으로 바라보면
상한 마음을 꺾지 않고
다가서고 살아 오르게 한다

모네는 빛으로 캔버스에
담았지만 빛의 울림의 눈은
우리의 가슴속에 담고 세상을 아름답게 채색하고
변화시킨다

빛의 울림의 눈 1

그곳에 내가 머물러 있어도
내 앞길이 캄캄하여도
블랙홀에 빠져 있어도
깊은 심연의 대지에 꽃을 피울 수 있을 것이다
메마르고 각박한 욕망의 대지에
내가 홀로 서 있어도
나는 일어설 수 있으리라

탕자의 방황길에
길을 잃고 헤매어도 나의 길을 열어 줄 것이라
그 울림의 눈은
어둠을 빨아들이고 마른 가지에 새순을 돋게 한다

빛은 생성하는 존재

아리스토텔레스는 시를 모방이라고 정의했다
소쉬르는 언어를 의미를
생성하는 존재라고 말한다

여기 모든 생의 기초가 되며
달고 향기로움이 솟아나는
존재가 있다

젖과 꿀이 흐르는 땅으로
인도하고 축복의 생명샘이
솟아오르는 존재다

인간은 본능적으로 모방하는 경향이 있으며
인간 삶의 경험 감정 그리고 자연을 모방함으로써
생의 의미를 깨닫기도 한다

빛의 선한 울림은
인간과 자연 모든 것을 아우르며 비극의 탄생을
축복의 탄생으로 끌어당기는 힘의 원천으로 보고 있다

내 앞길이 사막처럼 황량한 대지 위에 놓일 때
젖과 꿀이 흐르는 땅으로 인도할 것이다

모나리자의 미소

모나리자의 미소는 무욕과 평온의 빛이다
서로의 존재를 위로하는 작은 힘이 있고
무언의 고백과 약속이 있다
어머니의 품속처럼 다스함이 살아 있고
살아 있는 힘을 느낀다

빛의 정신으로 세상을 바라보면은
모나리자의 미소를 불러일으키고
내게 강 같은 평화를 불러일으킨다

고난과 역경을 새벽빛으로 인도하고
세상이 눈부시게 아름답다

이 세상의 가장 아름다운 그림은
빛의 울림에서 나오는 눈이다

모든 세상이 차오르는 생명이 되기 때문이다

눈은 보아도 족함이 없고

눈은 보아도 족함이 없고 귀는 들어도
차지 않는다
빛의 선한 울림으로 세상을 바라보면
궁핍한 자 소리를 듣고
서로의 유익이 되며
세상 모든 것의 존재가 아름답게 샘솟는다

모든 것이 활력이 넘치고
옛것은 지나고 새롭게 다시 태어난다

빛으로 귀를 기울이면
모든 것이 차고 넘친다
하루가 천년같이 천년이 하루 같은
시간이 다가온다

릴케에게 보내는 시

고독은 비처럼
바다로부터 저녁을 향해 올라온다
멀리 외딴 벌판으로부터 고독은
언제나 외로운 하늘로 올라가서는
처음 그 하늘에서 도시 위로 떨어져 내린다

릴케의 언어는 이렇게 내면의 소리를 이렇게 보여 주었다
우리 인생은 고독이다
여기 고독을 치유하는 세계가 있다

그 울림은 모든 것을 열리게 하는 힘이 있다
고독에 휩싸일 때 마음을 열게 하고
닫힌 사회를 열리게 한다

세상은 혼자 사는 것이 아니다
모든 것은 끈으로 연결되어 있다

끈이 너를 부른다

르누아르의 눈과 본향

르누아르의 눈이 바라본 세계는
아름다움과 기쁨을 솟아오르게 한다
목욕하는 여인들을 보라
어떠한 가식도 없이
그는 본능에 충실한

일상의 삶을 보여 주었다

여기 또 다른 아름다운 세계가 있다
그곳은 본능의 세계가 아니라
본향의 세계이다

빛의 눈으로
바라보는 세계는
아름답다 못해 황홀하다
아픔을 치유하며 위로의
숨결을 드리우게 하며
나의 나 됨을 일으키게 한다

내 안의 심연의 대지에

꽃을 피우게 하며
온 세상을 환하게 비추이고 생명의 씨앗을
심게 하는 빛의 눈

온 세상을 하얗게 만들고
생동하게 한다

빈센트 반 고흐

지상에서의 삶을 표현하기 위해 치열한 생을 살았던
빈센트 반 고흐

때로는 식사하는 농민 가족이 담긴 그림 한 점을 내놓기 위해
생을 갈아 넣은 듯한 고흐
그는 풀 한 포기에 감동할 줄 알았습니다
햇빛이 떨어지는 밀밭,
그 위를 유영하는 농부의 노동도 숭고하게 여길 줄 알았습니다

그는 지상에서 다시는 볼 수 없는 위대한 화가였습니다

여기 또 다른 세계가 있습니다
빛의 온유한 눈으로 세상을 바라보면 모든 존재가
차오르는 생명이 됩니다

별이 쏟아지는 밤하늘에도 나를 위한 거대한 축복의 서사시가
쏟아집니다

모든 존재는 너를
사랑하기 위함이었고
너는 그러한 존재였습니다

빛의 울림이 육신이 될 때

빛의 울림이 내 안에 있을 때
비로소 계절의 소리를 듣는다
사계절의 풍요로움을 느끼고
내 안은 계절의 꽃을 피우게 한다

봄에는 만물이 생동하는 소리를
여름에는 타는 목마름 속에 빛의 소리를
가을에는 탐스런 열매가 열리는 소리를
겨울에는 인내의 시간 속에 봄의 부활의 소리를

나의 자각일까요

칠흑같이 어두운 밤하늘에
내 마음을 밝게 비추이는
그 무엇이 있었습니다

내 영혼이 잠든 시간 속에 나를 깨우고
나를 일으켜 세웁니다

나의 자각일까요
아니면…

세상을 향한 거룩

세상을 향한 거룩한 생명 빛 되어
이 세상을 위한 구원의
소망 되는 길은 빛의 울림에 있다

율법주의자들이여
그곳을 체험하라
가면을 던지고
그곳으로 와라
경이로운 세상이 열릴 것이라

삶이 지친 자들이여
상처받은 자들이여

그곳은 너를 안아 줄 것이며
삶의 기쁨을 배가시켜 줄 것이라

고흐의 아름다움

군복과 무도회복을 입은 모습만큼, 작업복에 천을 기워 입은 모습도 아름다울 수 있다는 것
그러니까, 아름답게 꾸며야만 아름다운 게 아니라는 것

다시 말해, 추함 속에서도 아름다움을 건져낼 수 있다는 것
고흐의 눈은 이처럼 아름다움을 그렸다
고흐의 아름다움은 생동이었다

짜라투스트라여 빛은 이런 것이다
작업복에 천을 기워 입은 모습을 존귀함이 일어나게 하고
온유함이 일어나게 하고 아름답게 꾸며야만 아름다운 게 아니라
빛은 추함 속에서도 아름다움을 일으키고
온유함을 일으키는 것이라

빛은 거친 들녘을 생명수가 솟아나는 들녘으로
나를 불러일으키니 그의 눈으로 바라보는 세상은
아름다움을 넘어 소망을 일으키는 것이다

빛의 울림의 사고

인간은 강제될 때 생각을
시작한다고
편안함 속에서 깊이 있는 사고가 필요하지 않지만
"한계에 부딪혀야 비로소
사고가 촉진된다"라고
들뢰즈는 말하지만

빛이 일어나는 사고는 죽음의 고통 속에서 소망을 가질
수 있고 절망이 소망으로
태어난다

편안함 속에서나 한계상황에서나 한결같다

그 속에는 죽음을 넘어 나를 끊임없는 부활의
세계로 인도하고 언제나 청초한 푸르름을
주기 때문이다

우주는 차가운 겨울바람과 여름에는 뜨거운
햇살로 가득하지만 그것이 있기에
만물이 생동하고 빛을 낸다

그것은 경이롭게 불러일으킨다
나의 봄의 향현을 위하여
대지를 소생케 하고 있다

서로의 관계 속에서

아리스토텔레스는 인간은 관계 속에
존재하는 사회적 동물이라 했다
나 혼자는 설 수 없는 것이다

인간은 관계 속에서 존재한다.

함께 비바람을 헤치고 황무한 대지를
푸른 초장으로 옥토밭을 서로 일구어야 하는 존재다

빛으로 서로 관계 속에서 세워지며
마음속의 상한 영혼을 서로 보듬어 주고 거친
대지의 들녘에 나아가야 한다

서로 그 울림의 눈으로 바라보면 아픈 마음과
상처받은 영혼이 치유가 되며
내 영혼이 소생한다

빛의 선한 울림으로 이루어진 세상은
사회적 갈등을 이루는
이기적 마음이 들어가고

4월에 피는 벚꽃처럼
온 세상을 하얗게 물들인다

환상을 가진 자들이여
그곳을 경험하라

이데아를 꿈꾸는 자들이여
그곳을 체험하라

보라 새것이 되었도다

나의 허물을 허물고
장벽 안에 갇힌 나를
열린 공간으로 인도하였다

그것은
새로운 피조물이라
이전 것은 지나갔으니 보라
새것이 되었도다

빛의 울림의 눈 2

우리 인간은 빛에서 태어났고
울림의 존재다

존재하는 모든 것들 중에
가장 아름답고 선한 것이 있다

수정같이 맑은 고운 그 눈빛
그 눈빛으로 바라보면 향기로운
꽃바람이 일어난다

슬픔에서 기쁨의 환희를 보는 길은
그곳에 있다

그것은
피카소의 게르니카 비극을 보면서
존귀함을 일으키며
온유함을 일으키게 한다

2부

빛의 울림의 세계

나에게 있는 시공간

은빛으로 부서지는 억새 군락이
일제히 고개를 숙이며 파도처럼 일렁인다
새들이 날아오르는 소리, 수풀 헤치며 흐르는 물소리,
자연이 주는 화음에 귀 기울인다

물안개라는 화려한 화장 대신,
억새와 물소리와 새소리라는 민낯을
드러내는 수묵화 같은 풍경이다.

우리의 시공간은 자연이 주는 곳에서 있다
빛이 자연을 이렇게 수놓듯 내 안에도 수놓고 있다

삶의 동력

나에게 삶의 동력은 무엇일까
삶이 지치고 힘들 때 죽음의 공포 속에
내가 서 있을 때에 우리는 좌절하며 허무함을 느낀다
우리는 살아가는 활력이 있어야
그것을 극복하고 자유로운 삶을 이어 간다

톨스토이는 타인을 향한 따뜻한 마음이
삶의 동력이라고 말하지만
우리 인간은 이기적 유전자가
삶을 정하고 있다

나에게 삶의 동력은 언제나 그곳에 있으면
좋으련만 나는 언제까지 그것을 바라보아야만
할 것인가, 욕망이 앞서기보다
어떠한 부와 명예보다도 그곳은 사람됨이
일어나기 때문이다

그것은 사람들에게 존귀함을 일으키게 하며
온유함을 일으키게 하기 때문이다
나의 욕심이 내가 어리석음을 깨우치게 하며
욕망에 사로잡힌 나를 찬연한 숨결로 그곳은
일으키기 때문이다

복의 근원

그 정신은 세상을 포효하게 만든다
마른 잎이 살아나고 메마른 곳에 강물처럼
샘솟고

이 땅의 낮은 자의 모습으로
섬기는 참된 정신이다
복의 근원은 그곳에 있다

광야에 길을 내고
사막에 강을 내리라

공정과 정의

이 땅의 고귀한 가치는 공정과 정의다
그런데 그들의 공통분모는 샌델을 비롯하여
많은 학자들이 찾는 것은 공동선이다

그런데 공동선이 실현되기 어렵다
그 중심에는 분배가 있는데 욕망의 세계에 있어서
자신의 것을 내려놓기가 쉽지 않다

조세제도 복지정책으로 실현하고자
하지만 그것도 한계가 있다
인간의 의식이 변해야 하는데,
변하지 않는다

모든 사람이 불러일으킬 때
그곳에는 인류애가 일어나고 애틋한
사랑이 일어난다

내 안에 꽃이 피고
그것이 내 안에 쌓이면 하나의 공동체
되어 공동선을 실현할 수 있다

그곳이 머문 자리가 아름답다

그곳은 시기도 질투도 아니하고
항상 긍휼이 넘치는 곳,
애통하는 자에게
자비가 샘솟는 곳이다
포로 된 자에게 해방을
억눌린 자에게 자유를

항상 웃음꽃이 떠나지 아니하고
사막에 샘이 넘쳐흐르는 것처럼
내 안에 활력이 넘쳐난다

진.선.미

여기 진선미의 세계를 이루는 곳이 있다
선함과 인자함이 영원토록 거하고 그 아름다움은
내 영혼을 순결케 한다

진리의 샘은 무한히 솟구치고
모든 만물이 살아 오르는 세계다

만물의 근원

나의 탐욕을 이것은 말갛게 씻을 것이며
타오르는 헛된 욕망을
선한 빛으로 인도할 것이며
그것은 너와 영원토록 함께할 것이라

그 얼마나 물질의 축복을 기도하였던가
그러나 나는 이러한 기도는 하지 않는다

나 가진 것 없어도
그러나 나는 세상에서 가장 큰 것을 가졌다
나의 재산은 우주만큼 넓고
바다만큼 깊다

그 울림은 만물의 근원이며
우주의 꽃을 피우기 때문이다

새 삶을 새롭게 하며

내가 아픔이 오고 내가 슬픔이 와도
그곳은 나를 어루만지며
해마다 새잎이 돋아나듯
내 삶을 새롭게 하며

날마다 축복된 삶이 열리리라
환희가 가득한 삶
기쁨과 소망을 주는 삶
희망의 날갯짓하는 새들처럼

더 크고 너 넓은 세계를
이루리라
그곳은 새로운 세계가 열리는 곳이다

풀은 마르고 꽃은 시드나

풀은 마르고 들에 있는
꽃은 시드나 그것이 내 안에 쌓이면
마르지 않고 시들지 않고
내 안에 영원히 나를 지키고
길을 비추이고 영원히 꽃피우게 한다

아픔 속에서도 위로함이 있고
욕망의 사슬에서 헤매던 나를
순전한 나로 인도한다

세상의 명예는 헛되나 그것은 황금보다
더 빛나고 진주보다 더 곱고 아름다운
향내를 자아내게 한다

내가 어둠 가운데 있어도
어둠을 밝히며

환란 가운데 있어도 강하고 담대하게 하며
광야에서 더욱더 샘솟게 하는 것이리라

현재의 지각을 새롭게

현재의 지각을 새롭게 창조하는 것이 있다
때로는
상처와 아픔의 숱한 나날이 분노를 자아내고
복수의 칼날을 세우게 되지만 그것이 나에게
임할 때 모든 것이 용서가 되고 나를 다시
돌아보게 된다

그것은 때로는 정원의 꽃이 되고
황무지의 꽃이 되어 세계를 아름답게 채색합니다

그것이 없는 세상은 죽은 시인의 사회가 되고
나는 잔인한 계절이 됩니다
나의 언어는 숨 쉬지 못하고 나의 발걸음은
앞으로 가지 못합니다
사랑도 시도 눈을 뜰 수 없습니다

그것이 머무는 곳이면 창조의 세계가 일어납니다

우주의 질서와 내면의 기준

우주의 질서와 내면의 도덕적 기준을
삶의 지침으로 삼아야 한다고
칸트는 말했지만
나에게는 그곳에 있다

그곳에 긍휼이 일어나고
자비가 일어나고
의로움이 일어나기 때문이다

우주 안에 흐르는 빛의 울림은 온유한 빛으로
푸르름을 생산하고 모든 생명의 에너지를
공급하고 있다

우리 안에 의로운 선한 울림이 일어난다면
의식이 변하고 사회가 변하고 모두가 하나 되어
모든 자가 승리자가 되리라

지치고 상한 영혼이여

그것은 쉼과 회복의 능력이 있다
그 안에서 살아야 내가 기쁘고 환희가 솟아오른다
빼앗긴 들에도 그것은 피어난다

지치고 상한 영혼이여
여기서 쉼을 얻고 호흡하라

우리의 삶

우리의 삶은 어떠한가
우리의 삶은 순탄하기도 하지만
때로는 거친 바람이 휘몰아친다

긍정의 세계는 감사함이 넘치고
인내가 있으며 삶의 목표가 있다
그것은 생의 활력을 돋게 한다

회의적으로 세계를 바라보면
불평과 불만이 가득 차고 하루하루가 가지 않는다

여기 선한 울림의 세계가 있다
그것이 일어나면

생의 환희가 일어나고 매사에 긍정적이다
강하고 담대하게 나아가는 힘이 있다
온몸의 햇살을 받아 푸른 하늘을 보며
기름진 땅을 만든다

삶이 나를 속일지라도 우리는 목적에 이르는 삶에
나아가야 한다

나를 일으켰던 것은

나의 정신이 공허하고 아무것도
느낄 수 없을 때
나를 불러일으켰던 빛의 세포가

나의 역사가 되어
나를 에워싼다

시간이 갈수록 내 육신은 점점
나약하게 변해 갔지만

나를 일으켰던 세포는 내 영혼을
더욱더 단단하고 꽃이 피움을 느꼈다

나는 육체는 시들고 사위어 가지만
계절이 변하여 나뭇잎이 지고
가지에 새순이 돋아나는 것처럼
내 영혼은 순결한 꽃으로 피어나리라

힘의 원천

세상에 있는 모든 꽃들은 혼자 피는 것이 아니다
온유한 햇살이 피어나게 하고
바람과 비가 내려
대지의 꽃이 피어나는 것이다

그것이 존재하는 나는
어두운 장막에서도 일어날 것이며
불굴의 의지를 세울 것이라

황폐한 곳에서도
폭풍처럼 일어나는 힘
비바람이 몰아쳐도 굳게 서는 힘
썩어서 없어지는 그 자리에
새순이 돋아나는 힘
그것은 우주를 지키고
나를 지킨다

사람은 무엇으로 사는가

톨스토이는 인간이 돌아갈 곳은
한 줌의 흙이라고 했다

인간의 존재는 무엇인가
우리는 물질을 모으는 데 일평생 에너지를 쏟는다

그런데 인간은 물질적인 존재가 아니라
내면을 쌓는 존재라고 했다

인간 내면의 선함과 공동체적 유대감을 강조했다
여기 가슴으로 다가서는 심연의 세계가 있다
그곳에는 긍휼함이 넘치고 자비와
삶의 미덕이 일어나는 곳이다

애통하는 자에게는 위로를 불러일으키고
그곳에 진정한 생각의 힘을 불러일으키고
물질은 공간이 아니라
소통이 된다

유연한 힘

그것은 강렬한 힘이 아니다
슬픔을 위로하고 기쁨을 나누는 우리 가족 같은 힘이다
오늘을 감사하게 보내고 내일의 희망을 기대하고
평안이 내 중심에 있는 힘이다

마음이 황폐할 때는 단비가 내려 내 영혼을 적셔 주고
우울하고 허전할 때 항상 곁에 있는 내 친구 같은 존재다
나를 의심하고 내 가치를 따지지 않고
나를 응원하며 의리를 저버리지 않고
나의 빈자리를 채워 준다

움이 돋고 순이 나고 꽃이 피는 것은 그곳에 있다

무한한 축복

신이 인간에게 내린
가장 큰 축복은 무엇인가

고난과 역경 속에서 내린 욥의 축복인가
큰 민족을 이루는
아브라함에게 내린 축복인가
물질의 축복을 위하여 많은 사람들이 기도하지만
신은 무한한 축복을 이미 내렸다

자손과 부유 그 모든 것보다 인간에게 내린 가장 큰
축복이 있다

기쁨과 평안을 불러일으키고
용서와 화해 나눔과 사망의 권세를 이기는 그 무엇이 있다
그것은 민족을 넘어 인류의 평안을
불러일으키는 것이었다

그것이 없다면 욕망은
더욱더 빠져들고 또한 허무함이 존재할 때
무엇으로 다스릴 것인가

원망과 탄식 감사함을 모르고
오직 살아남기 위한 힘만이 존재할 것이다

그것이 무엇인가
인류의 빛을 밝히는 그것은 무엇인가

인간의 사고

인간의 사고는 그것이 일어날 때
빛을 발한다

기억이나 감정, 마음을 담당하는 뇌의 기능의 기본이 되는 것은,
신경 세포 뉴런이다
세포는 빛의 울림이다 그 빛은 생동하고 있다

존귀와 온유함이 생성하고
그것은 기억이나 감정, 마음을 다스리고
끊임없는 울림을 주기에
우리는 그것으로 마음을 다스려야 한다

나를 소생시키고 기쁨과 평안 온 대지의 햇살을
내 안에 심는 것은 또한 무엇인가

선한 울림이 있는 기억은
또 다른 선함을 야기시킨다

빛은 어둠을 몰아내는 것이 아니다
빛의 울림은 끝없는 생명을 불어넣고 있다

밝고 빛이 일어나는 빛의 울림은
생명샘이다

인생은 한 편의 빛의 울림이다

어느 시인은 “시가 인생이고
인생은 한 편의 시다”라고 말한다

나에게 인생은 무엇인가
바람처럼 구름처럼 흘러가는 것인가
쇼펜하우어는
인간은 고통 속에 살아가는
존재라고 말한다

내가 왜 태어났고
나의 욕망은 무엇인가
내 안에 끝없이
욕망을 순결하게 차오르게 하는 것은
무엇인가

인생은 빛의 울림이다

빛의 울림은 나를 언제나 평온한 것으로 인도하고
나의 부족함을 값없이
채워 주고 나를 맑게 하고 푸르른 동산을 이루게 하고

향기로운 꽃 내음을

자아내게 한다

존재의 근원 1

내 자신이 욕망에서 벗어나
나를 창연한 햇살처럼

내 몸과 영혼이
세상에 빛이 되는 것은 무엇인가

그것은 인간의 욕망을
보배롭고 존귀함을
일으키는 힘을 가졌다

가난한 자를 진토에서 일으키시며
빈궁한 자를 거름더미에서 올리시리라

만물의 척도

인간은 만물의 척도다

일찍이 프로타고라스는
인간은 사유 양식이 있기에
만물의 기준을 삼았으니
인간의 위대함을
그 얼마나
찬양하였던가

그 말이 인간의 무덤을 팠다
인간 중심이 생태계를 파괴했고 모든 것이 무너져 내리고 있다

만물의 척도는 빛의 울림에 있다
존재하는 모든 것은 그 소리에서
모든 것을 시작하고 있다

인간의 사유 능력

인간은 사유의 능력을
최대의 존재 의미로 삼는다

그대는 아는가

그런데 생각의 능력은
모든 동식물에게도 있다
그들에게도 내면생활이 있다

모든 종은 각자의 길이 있으며 창조된 대로 가야 한다

각자의 종이 화목을 이룰 때
진정한 평화의 울림이 있다

산천에 어우러진 들꽃을
바라본 적이 얼마나 되었는가

그들의 내면생활은
황폐한 곳 메마른 곳에서
피어나 세상을 푸르게 만드는 것이 꿈이다

존재하는 모든 것은 생각이
있으며 울림이 있다
태초에서 시작된 그 울림

그 울림으로 살아갈 때
진정한 봄날이 온다

온 세상의 정신

그것의 정신으로 살아간다면
세상은 평화의 강물이 넘치고
더 이상의 분노와 갈등은 치유될 것이라

삶의 고난을 함께하며 타는 목마름 속에
함께 공유하며 상생의 길이 되기 때문이다
어둠을 깨우는 새벽처럼
그것은 온 세상을 밝힌다

운명교향곡

베토벤의 운명교향곡은
내 안의 숨결이 요동침을 표현하고 있다

때로는 거친 파도가 일어나고 잔잔한 호숫가로
나를 인도한다
내가 가는 길은 어디인가

빛의 울림은 피안의 세계로 인도하는 교향곡이다

거친 숨결을 평온의 대지로,
비바람이 몰아치고 환란의 바람이 불어와도

뜨거운 입맞춤으로 나를 얼싸안고 부활의 대지로
인도한다

혹독하게 나를 단련시키지 않고 순금으로 만든다
만물을 파릇하게 생기를 입히고 속삭여 준다
세계는 빛의 교향곡이다

우리는 무엇으로 사는가

인공지능이 시대적 가치가 되었고
모든 것은 데이터에 의존하게 되어
인간은 영혼이 사라져 가고 있다

나의 생각도 인공지능이 하게 되었고
더욱더 편리한 세상,
더욱더 능률적인 세상
이제는 정신도 물질이 설계하고
입자와 파동이 모든 생산구조가 되어 간다

인간의 고귀함이 사라지고
온유한 마음도 기쁨과 소망도
이제는 기계에 의존하게 되어
상실의 시대가 되어 가고 있다

나를 지배하고 그것의 명령에 따라야 하는
시대가 다가오고 있다
물질의 시대가 지나가고
그것의 시대가 와야 한다

나의 존재가 살아 있고
모두가 삶의 감사가 넘치는 시대
그 열린 시대가
우리를 기다리고 있다

자유의지보다 중요한 것은 무엇인가
그것은 무한한 생명을 낳기 때문이다
빛은 선택하지 않는다

그것은 창조의 목적이었다
모든 만물이 생동하며
자연의 세계서도 인간의 세계에서도
변함없이 우리를 지키고 있다

빛이 없는 자유의지는 망망대해 속에서 길을
잃은 뱃사공과 같을 것이다

금단의 열매를 따 먹은 아담의 자유의지는
무엇을 얻었는가

밀턴의 실낙원을
회복하는 길은 그곳에 있다
빛의 울림이 있는 자유의지가 세상을
구할 것이다

일반의지

인류 역사에서 일반의지의 태동은
개인의 사적 이익을 초월해 공공선을 추구하는
공동체의 보편적 의지를 의미로 태어났다

이는 사회계약에 기반한 국가 형성의 핵심 원리로,
법과 정책이 일반의지를 반영해야 한다고 루소는 주장한다

여기 또 다른 근원적인 의지가 있다
그 의지는 우주를 지탱하고 있다
빛으로 모든 생물이 호흡하듯이
그 의지가 없다면 만물은 황폐해질 것이며
자연도 소생할 수 없을 것이다

빛이 모든 자연과 인간의 삶을 위하여 지금도 내리고 있다
빛의 정신이 일반의지다

그것은 나와 타인 그리고 자연과
완전한 일치를 일으킨다

전지전능한 힘

전지전능한 힘은 오직
우주를 창조한 신에게 있다

그런데 신이 인간에게 부여한 전지전능한
힘이 있다
그것은 빛의 울림이다

그것을 관통하라
그러면 얻을 것이라
그것은 너의 욕망을 떨쳐내고
너를 신세계로 인도할 것이라

찬란한 세계

나는 언제 그러한 마음을 씻으며
살아갈 수 있을까

나는 욕망이 가득 찼다
사욕에 눈이 멀고 때로는 화를 누르지 못함을
나는 괴로워했다

세상에서 가장 무서운 것이 무엇인가
전쟁의 공포인가
아니면 환란의 시공간인가
아니면 에스겔의 죽음의 골짜기인가

여기 어둠의 시공간을 극복하고 빛의 찬란한
세계를 맞이하는 곳이 있다

찬란한 세계는 중력에 있는 것이 아니다
이니스프리에 있는 것이 아니다

빛이 만물을 끌어당기고 있다

강자는 약자를 끌어당기고
많은 생명을 잉태하고 있다
어둠을 환한 곳으로 인도하고
빛이 있는 세계는 생명의 세계다

천상과 지상

아리스토텔레스는 지상에서
플라톤은 천상을 바라보았다

지상과 천상의 정신이 인류 정신을
이어 왔다
현실에서 참다움을 찾은
아리스토텔레스,
현실은 동굴의 그림자의
세계이며 진정한 세계가
따로 있다는 플라톤

여기 영원히 변치 않는 곳이 있다
지상과 천상의 세계다

이 세상의 지혜는 그곳에 있고. 행복과 평안도 이곳에 있다
그 영원한 세계는
빛의 울림이다

부활의 샘

내적으로
내 영혼을 살찌우고 온갖
고난과 역경을 이겨내는
힘찬 숨결이 있었다
그것은 인내로써 얻어지는
것이 아니었다
초인도 아니었다

인생의
얼음장 같은 추위와 비바람이 몰려와도
온갖 시련이 욥처럼 다가와도
생을 단단하게 하는 힘

그것은 빛의 정신이었다
존귀함과 인애함을 끌어당기고
황폐한 내 영혼을 사막의 샘이 넘쳐
흐르는 곳으로 끌어당기기 때문이다

빛은 내 영혼의 부활의 샘이다

태초의 정신

그것은 세상 모든 정신을 대변할 수 있다
태초에서부터 지금까지

쉬지 않고 이어 왔으며 이 땅에 움이 돋고
순이 나고 꽃을 피워 왔다

그 울림이 있었기에 우리는 존재했고
우리는 사랑할 수 있었다

모두에게 선함이

쇼펜하우어는 세계는 맹목적인 의지에 움직인다고 하면서
인간은 어쩔 수 없는 그 무엇의 충동으로 살아가며
그 의지를 탈각함으로 진정한 평화와 행복을
얻는다고 말했다

쇼펜하우어여
세계는 맹목적으로 움직이는 것이 아니다
빛에 의하여 움직이는 것이다

인류 역사를 보면 강자가 약자를 지배해 왔다
각 나라 족속들도 자기의 이익을 위하여
생존하였고 지켜 왔다

공동선의 원조는 태초에 있었다
그것은 빛이었다
빛은 어둠을 깨웠다

그리고 만물들이 생동하기 시작했고
열매를 맺게 했다

모두에게 기름진 땅으로 과실을
맺게 하는 빛
그것을 내 안에 불러일으켜야 한다

세상을 일으키는 힘

세상을 일으키는 힘이었다
욕망의 강을 건너고
죽음의 사선을 넘어서 너를 지키고

각 나라 족속을 화합시키고 이웃을 내 몸같이
사랑하고

우리의 마음을 푸르른 초장으로
인도하는 힘이다

모든 만물들아

빛의 존재는 파동으로 에너지가 흘러가지만
그 내면을 보면 삶을 생동하게 하며
일으키는 존재다
빛은 입자처럼 파동처럼 행동하지만
그곳에는 빛의 울림이 무한한 생명샘을
일으키고 있다

빛은 내 안에 항상 있다
그곳에는 지혜의 문을 열게 하는 에너지가 있다
모든 사람에게 선한 울림으로 다가서게 하고

끊임없이 존재의 의미를 생성하고
존재의 의미를 바라보고
나아가게 한다

존재의 근원 2

중력이 존재하는 것도
그 정신을 위한 것이다
물질의 운동으로 우주는 존재하는 것처럼 보이지만
그곳의 정신을 위한 것이다

꽃이 피고 열매를 맺고
우리 생이 아름답게 피는 것은
물질에 있는 것이 아니다

우주 만물은 그 정신으로 피어나기를
신은 원하고 있다

고요한 바닷속에

그것은 태고의 신비로움이 아니다
고요한 바닷속에 잔잔한 파도의 물결처럼
생명이 피어나는 존재다

때로는 파고와 맞서며 격한 파도의 풍랑을 이기고
머나먼 수평선을 향하여 나아가는 존재다

찬바람을 이겨내고 우주의 봄을 피워내고

비트겐슈타인

비트겐슈타인은
언어는 현실을 비추는 거울이라고 했다
사진이 현실을 담아내듯 언어는
세계의 모습을 담은 그릇이다

여기 이것은 현실을 인도하며
우리가 가는 실존주의의 세계를
넘어 새로운 그릇을 담고 있다

삶을 위로하며 불안과 허무의 강을 건너
순수하고 눈부신 광채를 쏟아내고 있다

시공간

시공간은 물리적 개념인가
아인슈타인은 중력에 의하여 시공간이
지배된다고 했다

물리적인 중력에 의하여 휘어진 공간의
뒤틀림은 사실이었다

신이 인간에게 내린 시공간은
매시간마다 존귀함을 일으키며 온유함을 일으키는
것으로 우주 만물이 태동하도록
설계된 것이었다

시공간의 탄생은 중력에 의한 것이었지만
시공간의 목적은 물질을 넘어

그 속에 평안과 선함이 이루어지도록
우리의 시공간은 펼쳐져야 한다

탐욕이 앞서는 시공간은 지옥에 빠져들 수 있다
같은 공간이지만

느끼는 것은 너무 다르다

삶이 보람되고 충만하다면
내가 가는 공간은 아름다워진다
한 평의 보금자리라도 우주만큼 넓고
삶의 향기를 느낄 수 있다
시공간은 무엇을 위하여 존재하는가

인간과 자연 그리고 우주

빛이 우주를 연결하는 에너지이듯
인간과 자연 우주를 연결하는 힘이 있다
그 속에 인류가 가야 할 길이 있다

그 울림이 진정한 명품

어느 한 사람은 욕망으로 무너졌다
샤넬 백, 반클리프 앤 아펠 목걸이 등으로 온몸을
치장하며 자기를 과시했다

그것으로 인하여 사회가 혼란하고
가정이 무너지고
나라가 무너져 갔다

우리 인간은 그 자체가 명품이다

수수한 옷을 입어도
그 자체의 아름다움을 찾아야 한다
내면에서 나오는 그 울림
그 울림이 진실로 명품이다

플라톤

플라톤은 현실의 세계를 그림자의 세계로
말하고 현 생활에 없는 참된,
이데아의 세계가 있다고
보았다

플라톤이여
그러나 현세계에서도 참된 이데아가 있다
천상에만 있는 것이 아니다
지상에서도 그것이 일어나면
찬란한 햇살이 우주의 봄을 일으키듯
이 땅에도 동토의 대지를 뚫고
연둣빛 새싹이 솟아오른다

새벽이 어둠을 삼키듯
불합리하고 부조리한 세계를
말갛게 씻어내고 영원한 숨결을
자아내게 한다

그곳은 인애함이 넘치고

신라가 멸망하게 된 결정적 이유가
부패와 향락이었다
경주 남산자락 계곡 옆 낮은 돌 구조물 하나
고요한 숲속에 자리한 이곳이 포석정이다

경애왕이 후백제 침략군이 목전인데도
이곳에 신하들과 연회를 즐겼다

부패와 향락을 이기는 그 정신이
이곳에 있다. 그 정신은 어떠한 향락보다도 아름답고 순결하며
생명의 꽃을 피우고 있다

그곳은 인애함이 넘치고
사나운 겨울바람을 이기고 봄의 교향곡을
울리게 하는 곳이다

이 세상에 가장 아름다운 곳

이 세상에 가장 아름다운 곳은
어디일까 그라나다의 궁전
알함브라 궁전일까, 솔로몬의 궁전일까
그곳에 거하면 행복이 넘쳐날까

그곳은 거친 바다가 잔잔한
물결로, 거친 눈보라가 봄의 향연을
일으키는 곳이다
어두운 곳에 밝은 빛을 이루어 내고 새 생명을 잉태하고
우주에게 무한한 에너지를 공급하고 있는 곳이다

그곳에 무한한 축복이 있고
부활이 있다

3부

빛의 3중성

1. 들어가는 말

빛(光 / Light)은 전자기파 중에서 인간의 눈(시각)으로 감지 가능한 가시광선(可視光線, visible ray) 영역의 전자기파를 일상적으로 부르는 말입니다.

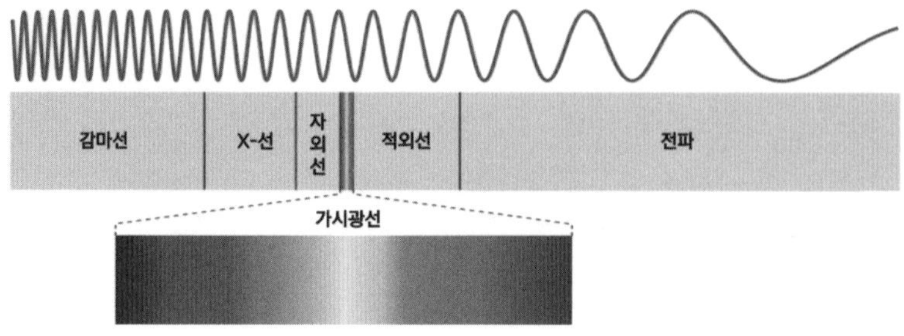

일상에서 빛은 가시광선만을 의미하지만, 물리학에서 빛은 전자기파 그 자체를 의미하기도 합니다. 일반적으로 광속이라는 말을 일반인들은 가시광선의 속도로 이해하지만, 물리학자들은 전자기파의 속도로 받아들입니다. 이는 빛의 파동적 성질에 근거한 정의입니다. 실제로 빛은 입자성과 파동성을 동시에 지니고 있으므로, "빛은 질량과 전하가 없고, 스핀이 1인 광자의 가시광선 영역을 일상적으로 부르는 말이다"라는 입자적 성질에 근거한 정의도 가능합니다. 자기파의 파장

(wavelength)과 주파수(frequency)는 반비례하여, 감마선은 파장이 가장 짧지만, 초당 진동수는 가장 큽니다. 색깔별로 파장이 다른데, 보라색이 파장이 가장 짧고, 빨간색이 파장이 가장 깁니다. 그래서 빨간색 계열을 장파장, 보라색 계열을 단파장이라고 합니다.

빛은 인류 문명과 과학 발전의 중심에 있었습니다. 눈으로 보는 모든 것, 천체를 관찰하고 예술을 감상하는 일까지, 빛이 없다면 가능하지 않습니다. 그러나 이 빛이 과연 '무엇'인지에 대해서는 고대부터 현대까지 수많은 논쟁이 이어져 왔습니다. "빛은 입자인가, 파동인가?"라는 질문은 단순히 물리학적 호기심을 넘어, 자연을 어떻게 인식할 것인가에 대한 근본적 사유로 이어집니다.

이번 글에서는 빛에 관한 고전 물리학의 이해부터 현재 과학계에서의 입장까지 폭넓고 깊이 있게 탐구해 보겠습니다.

2. 빛의 2중성

1) 고대에서 시작된 빛에 대한 사유

빛에 대한 철학적 사고는 고대 그리스 철학자들로부터 시작됩니다. 데모크리토스는 빛을 아주 작은 입자들의 흐름으로 보았고, 반대로 아리스토텔레스는 파동처럼 연속적인 것으로 여겼습니다. 하지만 이러한 개념은 실험과 증거보다는 철학적 사색에 가까웠습니다.

시간이 흐르면서 과학자들은 점차 빛의 본질을 탐구하기 위한 실험을 진행하기 시작했습니다. 17세기 이후, 빛을 둘러싼 입장 차이는 본격적인 과학적 논쟁의 형태로 발전합니다.

2) 뉴턴 vs. 호이겐스: 입자냐, 파동이냐

아이작 뉴턴은 빛을 입자의 흐름으로 보았습니다. 그는 빛이 직진하는 성질과 반사, 굴절 현상을 설명하기 위해 '입자설'을 주장했습니다. 그의 이론은 당시 매우 설득력 있었고, 오랜 시간 동안 주류 과학계의 지지를 받았습니다.

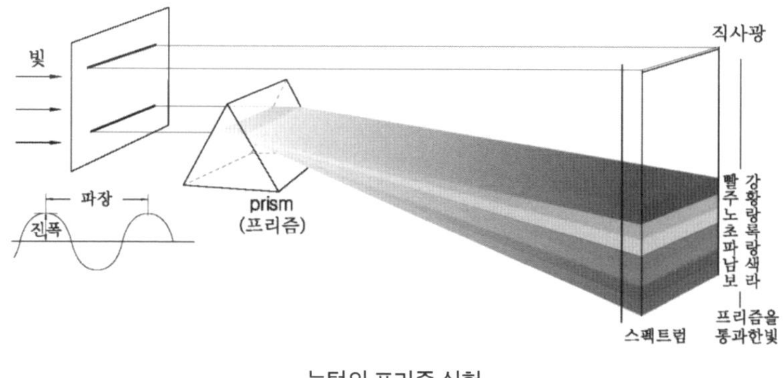

뉴턴의 프리즘 실험

하지만 같은 시대의 크리스티안 호이겐스는 다른 관점을 제시합니다. 그는 빛이 파동처럼 퍼져나가며, 서로 간섭하고 굴절되는 성질을 가진다고 주장했습니다. 호이겐스의 이론은 당시에는 받아들여지기 어려웠지만, 이후 진행된 실험들이 이 파동설에 무게를 실어 주게 됩니다.

3) 빛의 이중성: 실험이 바꾼 패러다임

1801년, 토머스 영의 이중 슬릿 실험은 빛의 파동적 성질을 강하게 지지하는 결정적인 증거가 되었습니다. 이 실험에서는 빛이 두 개의 좁은 틈을 통과할 때, 마치 물결이 겹치는 것처럼 밝고 어두운 줄무늬가 형성되는 현상이 나타납니다. 이 간섭무늬는 빛이 파동이라는 것을 명확히 보여 주는 현상이었습니다.

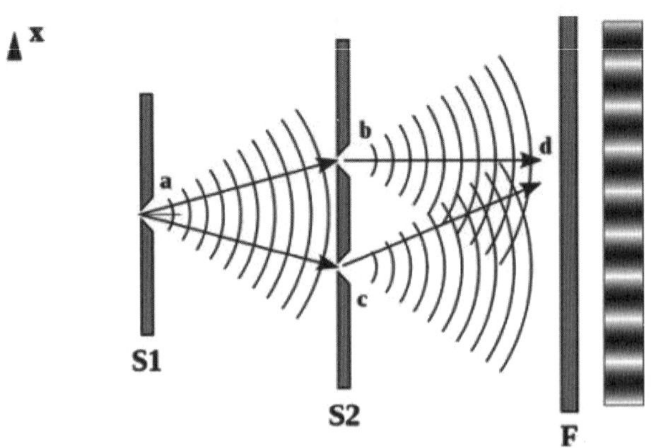

토마스 영의 이중실릿 실험

그러나 이 실험은 새로운 질문을 불러왔습니다. 입자처럼 행동한다는 뉴턴의 설명은 완전히 틀린 것일까요? 그렇지는 않습니다.

20세기에 들어서면서 상황은 더욱 복잡해집니다. 광전 효과 실험을 통해 알베르트 아인슈타인은 빛이 입자처럼 행동하는 양상을 설명합니다. 그는 특정 주파수 이상의 빛이 금속 표면에 부딪힐 때, 전자가 튀어나오는 현상을 설명하기 위해 '광자'라는 개념을 도입했습니다. 이는 빛이 입자라는 증거였습니다.

즉, 한쪽 실험에서는 파동처럼, 다른 실험에서는 입자처럼 행동하는 이중적 성질이 나타나게 된 것입니다.

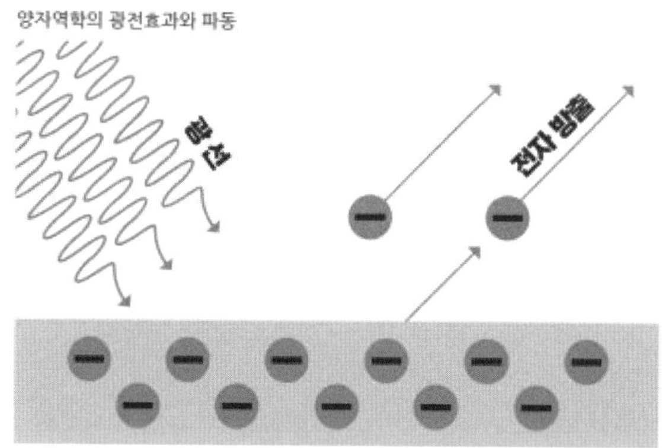

아인슈타인의 광전효과

4) 양자역학의 등장과 파동-입자 이중성

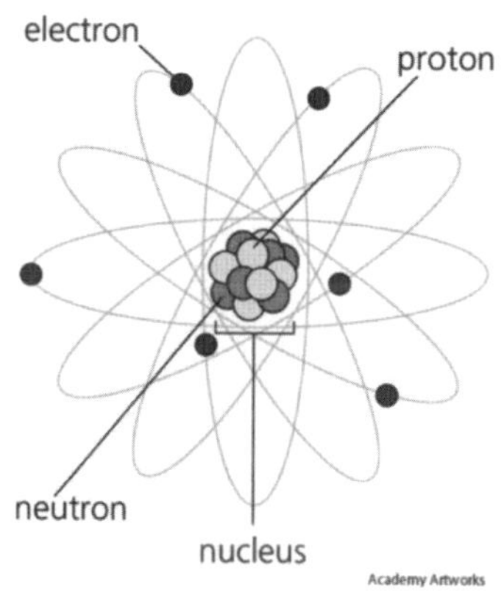

빛의 이중성은 고전 물리학으로는 설명이 어려웠습니다. 이를 해결하기 위해 도입된 것이 바로 양자역학입니다. 양자역학은 전통적 물리 법칙들이 더 이상 적용되지 않는 미시 세계의 법칙을 설명하는 이론입니다.

양자역학에 따르면 빛은 에너지를 가진 광자라는 입자로 설명되며, 동시에 파동의 성질도 함께 가집니다. 이 개념은 '파동-입자 이중성'이라 불립니다. 여기서 핵심은 빛이 특정 조건에서 입자처럼, 다른 조건에서 파동처럼 행동한다는 것이 아니라, 두 성질을 동시에 가진다는 점입니다.

이해하기 어려울 수 있으나, 이는 인간의 직관을 초월하는 자연의 본질을 반영합니다. 빛은 관측 방식에 따라 그 성질이 달라지는 존재입니다. 우리가 입자처럼 측정하면 입자의 모습을 보이고, 파동처럼 측정하면 파동의 성질을 드러냅니다.

전자도 마찬가지? 물질파 개념의 확장

흥미롭게도, 파동-입자 이중성은 빛에만 해당되는 것이 아닙니다. 전자와 같은 입자들 역시 파동의 성질을 가진다는 것이 밝혀졌습니다. 루이 드 브로이는 모든 물질은 파동성과 입자성을 모두 가진다고 주장했습니다. 이 주장은 전자 간섭 실험을 통해 입증되었습니다.

전자 하나하나를 이중 슬릿을 통해 통과시키면, 결국 파동 간섭무늬와 같은 결과가 나타납니다. 이는 빛뿐만 아니라 모든 물질 입자에도 이중성이 존재함을 보여 줍니다. 다시 말해, 세상을 구성하는 기본 입자들은 고전적인 '입자'나 '파동'이라는 이분법으로 설명될 수 없습니다.

현대 과학의 시각: 빛은 무엇인가?

현대 물리학에서는 빛을 '양자장'이라는 개념으로 설명합니다. 고전적인 입자도, 연속적인 파동도 아닌, 에너지가 특정 조건에서 국소화되거나 분산될 수 있는 존재로 봅니다. 양자 전기역학(QED)은 빛과 물질 사이의 상호작용을 가장 정밀하게 설명하는 이론으로, 여전히 실험과 완벽히 일치하는 결과를 보여 주고 있습니다.

이 이론에 따르면, 빛은 전자기장이라는 장 속에서 발생하는 에너지의 작은 단위인 광자로 존재하며, 이 광자는 상황에 따라 입자처럼 혹은 파동처럼 행동할 수 있습니다.

빛을 '입자인가, 파동인가'라는 식으로 단정하는 것은 이제 더 이상 현대 과학의 관점에서는 적절하지 않습니다. 오히려 '빛은 양자적 존재'라는 것이 보다 정확한 표현입니다.

양자역학은 우리의 상식을 무너뜨리며, 전혀 새로운 방식의 사고를 요구합니다. 따라서 이중성에 대한 정확한 교육과 대중적 접근이 중요합니다. 과학을 잘 모르는 사람이라 하더라도 빛의 본질에 대해 바르게 이해하고 흥미를 느낄 수 있도록 설명하는 것이 학문을 넘은 문화적 책임이기도 합니다.

5) 빛은 복합적 존재

빛은 단순한 입자도, 파동도 아닙니다. 양자역학의 언어로 표현되는 복합적 존재입니다. 관측이라는 행위 자체가 그 성질을 규정하는 이 독특한 세계는, 우리가 얼마나 자연에 대해 모르고 있는지를 일깨워 줍니다.

"빛은 입자인가, 파동인가?"라는 질문은 이제 "빛은 양자적 특성을 가진 존재이며, 관측 방식에 따라 성질을 달리 드러낸다"는 더 깊은 대답으로 이어집니다. 이러한 이해는 단순한 과학 지식을 넘어, 인간이 자연을 어떻게 이해하고 받아들일 것인가에 대한 철학적 통찰로 확장될 수 있습니다.

빛은 보통 원자나 분자가 높은 에너지 상태에서 낮은 에너지 상태로 이동할 때 만들어집니다. 원자핵 주변을 돌고 있는 전자가 어떠한 이유로 인해서 낮은 에너지 상태로 이동할 때 잃어버린 에너지가 빛의 형태로 방출됩니다. 같은 원리로 그들이 빛을 흡수하면, 다시 낮은 에너지 상태에서 높은 에너지 상태로 올라가게 됩니다. 이렇듯 천체 물질 들의 작은 변화로 우리는 그들이 발산하는 에너지를 볼 수 있습니다. 그것을 우리는 빛이라고 부릅니다. 따라서 빛은 우리와 우주를 연결시키는 중요한 매개체입니다.

빛은 에너지를 한 곳에서 다른 곳으로 전달하는 것입니다. 지금 우리가 있는 방에서 우리가 보고 있는 것들은 물질이 아닙니다. 실제로 우리는 물질을 볼 수 없습니다. 우리가 보고 있는 것은 물질에서 반사되어 눈으로 들어오는 빛을 우리 뇌가 물체로 해석하는 것입니다.

그렇다면 우리는 물질 자체를 보고 있는 것이 아니라 물체에서 반사된 빛을 보고 있는 것입니다. 우리가 보고 있는 모든 정보는 빛을 구성하는 광자에 의해 전달됩니다.

우주 배경 복사에너지는 빛으로 인하여 발생되었고 오늘날 완전한 우주가 되었습니다. 생명이 탄생되고 빛은 영양소를 공급하고 오늘날 인간의 모습도 사실 빛이 없었으면 존재할 수 없었습니다.

그런데 여기에 있는 모든 것들이 빛과 관계되었고 입자와 파동으로 해석되어 있는데 갈수록 원자는 확률적으로 변해가고 정확한 것이 없습니다. 식물도 빛에너지를 통해서 자라나게 되는데 식물은 의식이 있습니다. 그 의식은 빛의 울림으로부터 왔습니다.

3. 빛의 울림은 의식세계와 연결된다

1) 얽힌 광자가 의식을 불러일으킨다

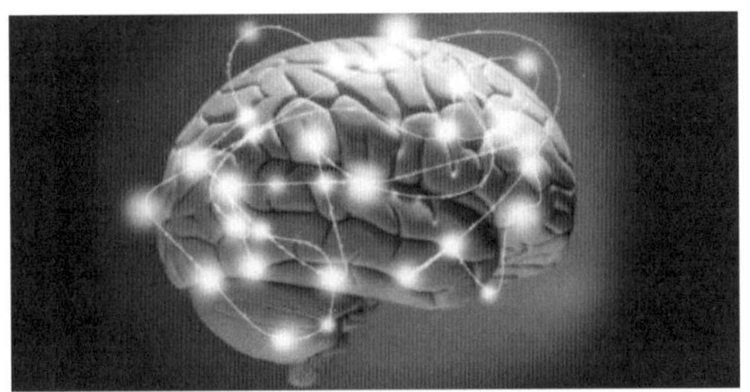

양자얽힘과 뇌

빛은 지금까지 입자의 알갱이 파동의 이중실험에서 간섭무늬가 나타나고 반사 회절 등 여러 가지를 규명했습니다. 그런데 빛은 나타나는 존재뿐만 아니라 일으키는 존재라는 것입니다. 입자와 파동은 분명 나타나는 존재입니다. 그러나 우주 배경 복사에너지가 발현된 이후 오늘날 우주가 형성되었습니다. 모든 존재에 빛은 다가섭니다. 만물을 소생시키고 생명력의 근간은 빛이 되었던 것은 존재를 일으키는 것으로 그것은 빛에 울림이 있기 때문입니다. 빛의 울림은 얽힌 광자가 의식을 불러일으킵니다.

우리 뇌는 양자얽힘으로 이루어졌다고 합니다. 마이엘린 수초 안에서 빛 입자 쌍이 스스로 양자 얽힘 상태가 된다고 합니다. 뉴런을 감싸는 구조 안에서 빛들이 얽힌다는 것입니다. 양자 얽힘 네트워크가 뇌의 전체를 연결해 하나의 의식으로 통합시킬 수 있다는 것입니다. 의식은 얽힌 광자입니다. 로저 펜로즈 같은 과학자는 뇌의 미세소관에서 일어나는 양자 과정이 의식과 연결될 수 있다고 주장합니다. 시냅스는 두 뉴런 사이에 존재하며, 신호를 주는 뉴런(시냅스 전 세포)과 신호를 받는 뉴런(시냅스 후 세포)이 연결된 틈새 구조입니다. 이 틈새를 통해 신경전달물질이 방출되어 신호가 전달됩니다. 여기 있는 신호가 양자얽힘으로 연결되어 있다는 것이고 그것은 빛이라는 광자입니다.

뇌와 빛은 상호작용을 합니다. 뇌가 빛을 인지하고, 빛이 신경회로에 영향을 미치는 신경과학적 현상을 의미합니다. 뇌는 시각계를 통하여 빛을 감지하며 이 정보는 시각 피질 등 다양한 신경회로를 통해 처리됩니다. 빛의 자극은 뇌의 전기적 신호로 변환되어 시냅스 간 정보전달에 관여합니다. 빛은 뇌의 신경전달물질 분비, 신경세포 활성화, 시냅스 가소성 등 다양한 신경생리학적 과정에 영향을 미칩니다. 또한 최근에는 광유전학 등 빛을 이용한 뇌 신호전달 기법이 발달하여 뇌 기능 조절 및 치료에 활용되고 있습니다. 광유전학은 빛에 반응하는 유전자를 신경세포에 삽입해, 특정 뇌 부위에 빛을 비추면 신경세포의 활성, 신호 전달, 성장, 분화 등이 유도됩니다.

빛을 쬐면 채널로돕신 2 등 단백질이 활성화되어 신경세포가 반응하거나, 칼슘 농도가 조절되어 기억력·행동·감정 등 뇌 기능을 조절할 수 있습니다.

미켈란젤로의 천지창조, 다빈치의 모나리자, 최후의 만찬 등을 보면 작품을 뛰어넘어 깊은 감동을 주게 됩니다. 우리의 마음을 움직이게 하고 전율을 느끼게 하지요. 그때 바로 우리 몸 안에는 양자도약이 일어나지요. 그때의 빛은 울림이라는 것입니다. 빛의 울림이 일어나면 종교갈등, 신분, 계급, 빈부격차, 인종차별 등 피부색이 달라도 그곳에는 전율이 일어난다고 합니다. 선한 일을 할 때 생명이 태동할 때 등, 그 외에 수많은 감동을 주는 장면이 많습니다. 우리의 삶 주변에 감동이 넘칩니다. 때로는 뜨거운 가슴을 느낄 때가 많습니다. 전율이 일어나고 우리 몸 안에는 양자도약이 일어납니다. 우리는 감동이 일어날 때 에너지가 솟아나고 가슴이 뭉클합니다. 그때 발생하는 빛이 양자도약의 빛입니다. 바로 빛이 울림이라는 것이지요. 그것은 존귀함과 온유함을 불러일으키고. 소망과 평안을 불러일으키고 감사함을 불러일으키고, 그 빛은 이성이 아닙니다. 인류의 정신을 불러일으키는 우리의 삶에 성장 동력입니다. 뉴턴의 프리즘에서의 빛의 입자. 우리의 삶 속에서 일어난 깊은 울림은 빛에너지에서 나왔습니다.

2) 생명을 일으키는 울림

빛은 생명의 근원

식물은 빛을 통해 광합성을 하여 에너지를 얻고 성장과 생존에 필수적인 산소를 방출합니다. 잎의 엽록소가 태양빛을 흡수해 이산화탄소와 물을 포도당으로 바꾸고 산소를 대기 중으로 방출합니다. 이 과정이 식물의 에너지원이자 생명의 근원입니다. 빛의 전달과 뿌리 반응에 있어서 뿌리도 잎에서 흡수된 빛이 줄기를 통해 뿌리로 전달되어 뿌리 성장과 발달에도 영향을 미칩니다. 이는 식물이 뿌리까지 빛을 활용하는 능동적 기관임을 보여 줍니다.

인간도 마찬가지입니다. 의식이 생성될 때 결정적인 역할을 합니다.

빛(에너지)은 입자이면서 파동도 있지만 생명의 울림이 있어서 의식을 끌어당기고 울림의 형태로 뇌에 전달될 때 의식이 자연스럽게 형성됩니다. 그것은 빛에 울림이 있기 때문입니다. 입자처럼 고정되면 의식이 바뀌지 않습니다.

의식은 단순한 신경전달물질의 변화뿐 아니라, 시냅스의 전기적 신호와 파동 중첩 등 복합적 유전자는 빛에 반응해 특정 단백질이나 유전자 발현을 조절하는 기능을 가질 수 있습니다. 최근 연구에서는 빛을 감지하거나 에너지로 전환하는 단백질을 암호화하는 유전자가 미생물, 식물, 동물 등 다양한 생명체에서 발견되고 있습니다.

빛에 반응하는 유전자 및 단백질에서 빛을 받으면 세포 내 에너지 생산이 증가하는 유전자로, 미생물에서 발견되고 있으며 생명공학 응용에서 미생물, 식물, 동물 등 다양한 분야에서 빛에 반응하는 유전자를 활용한 연구가 진행되고 있으며 유전자는 빛에 반응해 생명체의 다양한 기능을 조절하는 핵심 요소로 활용되고 있다고 합니다.

뉴런은 양자얽힘으로 연결되어 있고 빛이라는 광자가 서로 네트워크되어있다고 합니다. 인간의 뇌는 신경의 연결이지만 결국은 빛의 연결이라고 할 수 있습니다.

모든 만물이 그 빛을 내고 있습니다. 그 빛에는 에너지가 있습니다. 존귀와 온유 화평의 울림이 있다는 것이죠. 원자핵 융합으로 빛이 나옵니다. 그 빛이 우주 배경 복사인데 그 에너지가 있었기에 지금의 우주 탄생이 이루어진 것입니다. 즉 모든 만물이 탄생하고 호흡하고 생존하고 살아갑니다. 그전에는 어둠의 시대였지요. 빛으로 인하여 우주가 온유한 세계가 펼쳐졌다고 보입니다. 물리적으로는 입자와 파동이지만 울림이 있었기에 우주 만물은 소생한 것입니다. 인간도 빛의 울림이 있기에 뇌가 작동하고 의식을 갖습니다. 사과는 비와 바람과 햇살로 인하여 새콤하고 달콤한 향이 있습니다. 빛에 의한 강한 진동으로 양자얽힘으로 영양분이 자라납니다. 그것은 생기이고 빛의 울림으로 생성된 것이죠. 인간은 양자얽힘의 빛이 없다면 의식은 사라질 것입니다.

맛이 없는 사과의 존재는 새콤하고 달콤한 향이 없습니다. 양자얽힘에서 사과의 맛은 결정됩니다. 빛의 울림이 없고 어둠만이 있다면 사과의 독특한 향은 없을 것입니다. 사과는 몸체가 있고 몸체는 입자와 파동으로 되어 있지요. 그리고 새콤하고 달콤한 향이 빛의 울림에서 나온 것입니다. 꽃들은 저마다 자기 특색이 있습니다. 자기 정신이 있기에 저마다 향기를 뽐내고 있습니다. 꽃들마다 울림이 있기에 자기들만의 특색이 있지요.

모든 생명이 꽃피울 때 울림에 의하여 강한 진동이 일어날 때입니다. 아이가 태어날 때도 강한 진통이 있어야 산모가 출산합니다. 모든 꽃들도 마찬가지입니다. 빛의 진동이 강할 때 꽃봉오리에서 꽃이 피어나지요. 빛이라는 존재는 무게가 없고 넓이가 없어서 물질이 아니라고 합니다. 그런데 빛은 물질에도 연결되지만 정신과도 연결된다는 사실이지요. 식물도 빛을 먹고 살아갑니다. 최근의 식물 연구들에 따르면 식물은 결코 멈춰 있거나 수동적으로 당하고 있지만은 않습니다. 식물들은 포식자가 가까이 오면 여러 종류의 화합물을 분비하며 서로에게 알려줍니다. 꿀벌의 날개 소리를 들으면 3분 내로 꿀의 당도를 높이고, 어떤 식물은 수분 매개자가 찾아오는 빈도를 기억하고 예측해서 꽃가루를 내놓기도 합니다.

식물학자들은 덩굴식물 보킬라가 '시각'으로 정보를 습득할 것이라고 추정합니다. 눈이 없어도 시각이 있을 수 있습니다.

식물에게 있어서 빛은 단순한 입자와 파동이 아닙니다. 세포핵 안에 DNA가 존재해 성장, 발달, 대사 유전적 특성 등을 결정합니다. 식물 DNA는 조직형성, 꽃 색상, 잎의 형태 등 다양한 생물학적 특성을 조절

합니다. 식물도 기억이 있고 생각이 있다는 것입니다. 의식을 일으키는 것은 입자와 파동이 아닙니다. 바로 울림입니다. 식물도 정신세계가 있다는 것입니다. 존재하는 모든 것은 입자와 파동 울림이 있습니다. 그것은 생명을 지키려고 하는 존재양식입니다. 태아는 원자인 입자와 파동 그리고 울림에서 시작합니다. 양자도약을 통하여 에너지를 흡수하면서 생명을 잉태합니다. 양자얽힘으로 인하여 의식이 형성되며 그 머리 몸 가슴 다리 등이 10개월 동안 완성되어 태어납니다. 아이의 울음은 양자도약과 양자얽힘의 빛의 울림에서 나온 것입니다.

엄마의 뱃속에 있던 태아가 울음 없이 태어난다면 그 아이는 죽은 아이입니다. 아이는 반드시 울음이 있어야 합니다. 그래야 뇌가 의식을 일으키고 심장이 뛰며 모든 기능이 신체활동과 정신이 일어나는 것입니다. 울음은 울림입니다. 아이는 소망할 때, 예를 들어 배고플 때, 어딘가 불편할 때, 아플 때 울음으로써 표현합니다. 자신의 존귀함의 표현입니다.

뉴런은 물질이지만 그것이 연결되어 하나가 될 때 의식은 생성하고 생명체를 낳습니다. 빛은 파동처럼 에너지를 전달하지만 그것보다 더 높은 것이 있습니다. 파동에서 나오는 간섭이나 회절, 그것도 중요하지만 무엇인가 변화되고 생성하고 정신을 이루게 되는 인자가 있습니다. 빛의 본질적인 특성은 생성하고 생명을 이루고 양육하고 열매를 맺는 것입니다. 빛에는 그러한 속성이 있다는 것입니다. 빛으로 산소를 공급하고 빛으로 세포가 반응하고 원자 안에 지금도 빛이 우리 안에 역동적으로 움직이고 있다는 것입니다. 생물이 아닌 것도 빛에 반응이 일어납니다. 구르는 돌에도 빛이 있어야 윤기가 흐르고 흙에도 빛이 있는 것과 없는 것은 차이가 있습니다. 우리의 생각도 빛에 의한 반응입니다. 빛이 약한 자는 우울하고 염세적이며 어두움이 나타납니다.

3) 빛은 인간과 자연 그리고 우주의 에너지를 순환시키는 존재

우주의 존재는 빛에서 시작되고

태초의 빛과 우주의 탄생은 빅뱅 직후, 원자핵의 융합반응으로 인하여 빛이 일어났고 시간이 흐른 뒤, 이때 생긴 빈틈 사이로 태초의 빛이 우주 전역으로 퍼져 나갔습니다.

이 빛의 흔적은 오늘날 우주 배경 복사로 관측되며, 우주가 처음으로 밝아진 순간을 보여 줍니다.

빛은 물리세계와 정신세계를 연결하는 존재입니다. 빛의 입자 파동 반사 회절 간섭 등 물리적 요소가 있지만 내면세계를 연결하는 또 다른 측면이 있습니다. 생명의 태동이 빛에 의하여 생겨난 것입니다.

모든 존재가 호흡하고 인지하고 의식을 가지고 행동하는 것은 빛에서 출발하는 것입니다. 우주가 진동하는 것은 빛이 있기 때문입니다. 꽃은 입자이면서 파동이 있고 울림이 있습니다.

인간도 입자이면서 파동이 있고 울림이 있습니다. 울림이 있기에 소망을 가지고 내가 어떻게 살아가야 하고 나눔과 공동체 정신을 생각하게 됩니다. 울림이 있기에 정신세계를 열어 가는 것입니다. 식물도 정신세계가 있습니다. 식물도 그들 나름의 언어가 있고 꿈이 있고 소망이 있습니다. 그것은 울림이 있기 때문입니다. 빛은 울림으로 모든 존재에 다가서고 있습니다. 사과나무도 마찬가지입니다. 빛에 의하여 꽃이 피고 열매가 맺히는 것이지만 그 동력은 울림이 있기 때문입니다. 개구리가 동면에서 깨어나는 것은 그 울음 때문입니다. 그 울음이 잠들었던 개구리의 모든 기능을 깨우고 감각기관 운동능력 등이 소생하는 것입니다. 생명의 존재는 존재하기 때문에 존재가 있는 것이 아니라 울림이 있기에 존재하는 것입니다. 빛의 존재는 입자와 파동 그 이상의 울림이 있습니다. 빛에 의하여 자라나는 모든 존재는 존재 방식이 다르지만 울림이 있어야 생기가 있고 활력이 있습니다. 울림은 허황된 욕망의 세계가 아닙니다. 가치 있고 의미가 있고 존귀하고 온유한 세계입니다. 빛은 이 모든 세계를 열어 가고 있습니다.

빛과 초끈이론

초끈이론은 우주의 기본 입자를 점이 아닌 1차원 진동하는 끈으로 설명하는 현대 물리학의 대표적인 이론으로, 중력과 양자역학을 통합하려는 시도에서 등장했습니다.

모든 기본 입자(전자, 쿼크, 광자 등)는 진동하는 끈의 다양한 진동 패턴에 따라 결정됩니다. 끈의 진동수(파장)에 따라 입자의 질량과 특성이 달라집니다.

빛도 하나의 끈으로 연결되어 있습니다. 양자역학에 따르면 우주는 원자로 이루어졌고 원자는 입자로 구성되어 있습니다. 빛이 다가선 곳은 입자가 생겨납니다. 그곳에는 무수한 끈이 있고 끈에는 진동으로 입자가 발생합니다. 우주는 선율로 되어 있습니다. 끈이 진동하여 입자가 생겨나는 것은 우주는 선율로 이루어졌기 때문입니다. 끈도 하나의 선율로 이루어졌습니다. 모든 물체가 입자와 파동으로 이루어졌지만 그 물체는 사실 진동하면서 울림의 결정체입니다.

선율의 결정체는 울림이다

바이올린의 현은 끈으로 연결되어 있다고 볼 수 있습니다.

그곳에는 진동이 있다. 바이올린을 켜는 것은 진동을 내기 위해서 켜는 것이 아닙니다. 바로 울림을 주기 위한 것입니다. 우주가 선에 따라 진동하고 있습니다. 왜 진동하는 것일까요? 울림을 위한 것입니다. 생명체를 이루고 존귀하고 온유한 우주를 위하여 진동하는 것입니다. 식물은 꽃을 피우기 위하여, 동물은 각자의 존재의 의미를 드리우기 위하여 자연은 생태계의 보전을 위하여 진동하는 것입니다. 우주가 생동하기 때문에 인간도 존재합니다. 빛도 생동합니다. 생명력을 얻기 위하여 진동하면서 생명을 창출하고 있습니다. 빛이 진동하는 것은 울림을 주기 위한 것입니다. 빛의 목적은 울림입니다.

만물은 끈에서 이루어졌고

전자기력인 빛도 끈으로 연결되어 있습니다. 그런데 끈은 울림으로 연결되었다는 것입니다. 원자핵을 이루는 양성자와 중성자는 끈이 만들어 낸 것이고 전자 또한 끈으로 연결되어있습니다. 끈은 울림으로 이루어졌다는 것입니다. 양성자와 중성자를 결합하는 입자인 글루온도 사실 울림으로 이루어졌다는 것입니다.

울림이라는 것은 결정체를 이루는 것으로 물리학적으로는 끌어당기는 힘이 있고 반응이 있고 감동이 있고 행함이 있습니다.

그 속에는 존귀함과 온유함, 소망이 있습니다.

빛에서 나온 입자와 파동은 빛의 울림이 있기에 나온 것입니다. 울림이 없다면 입자와 파동은 존재하지 않을 것입니다. 울림은 초끈처럼 끊임없이 진동합니다.

끈의 진동으로 입자가 발생한다면 빛의 울림으로 입자가 발생합니다. 즉 입자와 파동의 근원은 울림이라는 것입니다. 빛은 입자와 파동을 불러일으킵니다. 그것은 빛의 울림이 있기에 가능하다는 것입니다.

빛은 인간과 자연을 연결하고 우주의 에너지를 순환시키는 존재입니다. 핵분열과 핵융합을 통하여 빛이 일어나는데 그 빛은 우주를 밝히고 성장하는 데 핵심적인 요소입니다.

빛에 대한 해석을 다시 해야 합니다. 빛이 인류 문명과 과학의 발전을 이룬 것은 사실입니다. 그러나 현대에서 빛은 물리적, 정신적 요소로 보는 것으로 그것은 우주의 또 다른 시작입니다. 그렇다면 지금까지 빛의 연구는 물질의 실험에서 보게 되었고 그것이 빛의 특성을 결정하였다는 사실입니다. 빛의 3중성은 우주를 바라보는 새로운 시각으로 접근합니다.

빛은 우주를 탄생시킨 존재입니다. 우주는 원자로 되어 있고 원자는 빛이 일어나며 핵융합과 분열을 통하여 우주를 생성하게 됩니다. 빛이 뉴런을 통하여 의식을 생성하고 그 의식이 인간의 존재를 규명합니다. 식물도 원자로 되어 있고 의식이 있습니다. 식물 안에 있는 원자는 광합성을 통하여 존재의 근원을 유지하고 있기 때문이지요. 빛은 물리적 세계와 의식의 정신적 세계가 있습니다. 빛은 물질의 근원이고 의식도 빛에서 생성되기 때문이지요.

빛에는 물질과 정신을 태동시키는 그 무엇인가가 있습니다. 그것이 울림이라는 것입니다. 느끼고 어루만져 주고 생성하고 감동을 일으키는 숨결이 있다는 것입니다. 단지 입자와 파동의 성질로 자연과 인간 우주의 생태를 이해하기에는 어려움이 많습니다. 즉 지금까지의 빛에 의한 연구는 뉴턴, 아인슈타인 등은 빛에 물질적 요소 등을 발견했지만 빛에 의한 우주의 탄생은 울림이 있기에 우주가 열린 것입니다. 빛에는 정신을 창출하는 에너지가 있습니다. 정신과 물질의 영역을 주관하고 있다는 것입니다. 빛이 세계를 열어 갈 수 있고 그 근본에는 양자도약이 있습니다. 우주는 진동하고 있고 지금도 파동으로 움직이고 있습니다. 그런데 벚꽃이 필 때나 목련화꽃이 필 때 꽃들은 빛의 울림이 있었기에 피게 됩니다. 사람도 인간의 의식도 뇌에 파동이 있지만 울림이 있기에 기억이 되고 감정이 생성되고 의사결정을 할 수 있습니다. 모든 세포는 에너지가 있어야 생동할 수 있기 때문입니다. 동물도 그들 나름대로 울림이 있습니다.

4. 빛의 3중성

1) 우리 안에 일어나는 빛 울림 양자도약

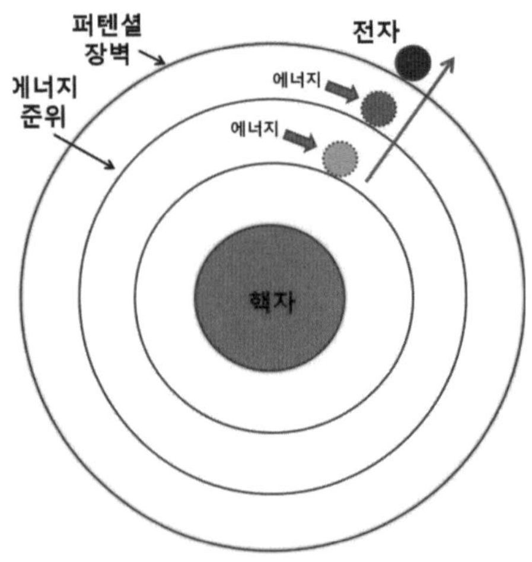

빛은 입자로서 존재하기도 하고 파동으로서 존재합니다. 그리고 존재의 만남이 있고 호흡하고 반응하는 울림이 있습니다. 입자는 인간의 몸체 모습이고 바로 울림이 있어야 의미 있는 존재자가 됩니다. 의식이 생성되고 이성과 감정으로 판단하고 행함을 갖는 것입니다. 우주도 마찬가지입니다. 모든 존재의 몸체가 있고 파동으로 진동하고 그 파동으로 꽃이 피어나는 울림이 있어야 우주의 본모습입니다.

빛의 에너지는 진동수에 따라서 발생됩니다.

울림은 우리 실생활에 수없이 일어나고 있습니다. 나의 경험을 통하여 빛의 울림을 통한 세계를 바라보고자 합니다.

여기 음악을 통하여 빛의 존재를 나타내고자 합니다. 이 악보와 건반입니다. 악보에는 음표가 있고 빠르기를 나타내는 메트로놈, 즉 진동수가 있습니다. 빛이 일어나는 모습과 소리가 일어나는 모습을 비유했으며 오선지의 낮은 기준의 도와 높은음의 도를 중심으로 파동이 일어납니다. 낮은음으로 갈수록 에너지가 배출되며 높은음으로 갈수록 에너지가 흡수되며 빛을 내게 됩니다. 바로 양자도약이지요. 전자는 오선지를 위아래로 움직이며 파동이 일어나는 궤도에 따라 에너지를 흡수 배출합니다.

여기 악보가 있고 피아노는 악보를 보며 건반을 누릅니다. 그리고 사람이 악보를 보며 반주에 맞추어 노래를 합니다. 악보를 보면 마디마디 음표가 나오고, 쉼표가 있고 또 악보가 나옵니다.

또한 여기 음악에는 파동이 있는데 파장이 있고 진폭이 있고 진동수가 있습니다. 음표는 입자이고 사람들은 정확히 불러 주어야 합니다. 메트로놈은 속도입니다. 음의 빠르기에 따라서 진동수가 달라집니다. 파동은 음의 흐름입니다. 낮은 도에서 높은 도를 기중으로 파도처럼 움직입니다. 그런데 이 노래의 가장 중요한 것은 울림입니다. 울림은 진동수가 다른 두 음을 동시에 들을 때 진폭이 변하는 하나의 소리를 들을 때 울림인데 그것은 우리 안에 일어나는 정신과 밀접한 관계가 있습니다. 바로 그 울림은 전율을 일으킨다는 것이지요. 두 음 이상이 화음이 있고 음정의 변화에 따라서 주파수가 늘어나고 강한 진동이 일어납니다. 따라서 울림이 얼마나 있느냐에 따라서 에너지의 변화가 일어납니다. 전율은 감동을 일으킵니다. 울림은 인간의 정신으로 연결하여 감동이 일어나는 것입니다. 우리가 노래를 할 때 우리 안에는 양자도약이 일어납니다. 음이 올라갈 때 내려갈 때 에너지를 흡수 배출합니다. 음악을 들을 때 우리 몸은 진동합니다. 여기에서 빛이 나옵니다. 우리가 사는 삶은 항상 진동하고 있으며 그 속에는 에너지를 얻고 빛이 일어납니다. 우리는 태양에서 얻어지는 빛으로 살지만 우리 안에 있는 빛으로 감정이 일어나고 삶의 방식이 결정됩니다. 지금까지 빛은 물질과 관련하여 빛을 조명했지요. 빛 입자와 파동 울림이 있기에, 즉 에너지가 있기에 생명체가 살아나고 울림이 있기에 우리는 살아 나가는 것이지요. 벚꽃이 피어나고 탐스런 사과 열매가 맺는 것은 빛의 파동으로 진동수가 있고 진폭이 있고 파장이 있으며 꽃이 화들짝 피어나고 새콤하고 달콤한 사과의 맛은 주파수가 빠르고 에너지가 큰 빛의 울림이 있기 때문입니다. 전율이 일어나서 모양체가 변하는 것입니다. 벚나무에서 피는 벚꽃과 사과나무에서 피는 사과의 열매는 입자와 파동 그리고 전율, 울림이 있었기에 가능한 것입니다. 우리 안에는 지금도 양자도약을 통해서 빛이 일어나고 있습니다. 우리가 살아가는 존재의 이유, 우리는 어디로

가야 하고 나는 지금 무엇을 해야 하는가. 그것은 파동에서 나오는 것이 아니라 그것은 에너지인 울림에서 나오는 것이지요. 종교도 울림이 있어야 하고 사회도 경제도 정치고 울림이 있어야 하지요. 울림이 없는 세상은 허무합니다. 그러나 전자가 에너지를 흡수 배출하지 않는다면 우주는 멈추게 됩니다. 우주 안에 있는 빛은 3중성으로 존재하는 것입니다. 입자와 파동 그리고 울림으로 진정한 의미의 빛을 보는 것입니다. 여기 음악을 통하여 빛의 존재를 보았습니다. 빛은 정신적인 내면에 상당한 의미를 주고 있습니다. 프리즘을 통한 뉴턴, 토마스 영의 이중슬릿을 통한 빛의 파동 그리고 아인슈타인의 광전효과에서 빛의 입자 그리고 빛의 울림성이 열매와 결실을 이어 가며 거대한 빛의 세계를 볼 수 있다는 것입니다. 빛은 계속적으로 인류와 우주를 인도합니다. 그것은 입자와 파동으로 귀결되어서는 안 됩니다. 빛의 울림을 보아야 합니다.

2) 전율, 빛의 에너지 울림

모든 빛은 원자에서 나옵니다. 그리고 태양에서 나오는 에너지인 빛은 핵반응에서 빛이 또한 나옵니다. 원자에서 나온다는 것은 내 안에서 지금도 빛이 나온다는 것입니다. 많은 물질은 에너지를 얻어 열을 내지 않고도 빛을 내놓습니다. 사람도 몸 안에서 에너지를 흡수 배출할 때 빛이 나옵니다. 모든 동식물 안에 있는 빛이 있습니다. 음악 하는 과정에서도 순간순간 인간의 생활 속에서 감동이 일어날 때 빛이 일어납니다.

바로 전율이 일어난다는 것입니다. 전율이 일어날 때 우리 안에 잠잠한 세포도 살아나고 의식도 살아납니다. 전율은 우리 안에 있는 생명샘입니다. 그 증거는 양자도약입니다. 빛의 입자와 파동으로 전율을 설명할 수 없습니다. 빛의 파동성은 굴절과 회절이 일어납니다. 그리고 상쇄간섭과 보강간섭을 일으킵니다. 상쇄간섭 한 부분은 어둡게, 보강간섭 부분은 밝게 나타나 일정한 무늬를 형성합니다. 빛으로 우주가 탄생했고 우리 안에도 빛의 숨결이 있습니다. 그것이 단지 알갱이 입자 굴절과 회절 속에서 간섭을 일으키는 파동이 우주와 자연, 인간 등을 일으켜 세웠을까요. 그 안에 있는 빛의 울림이 우주와 자연 인간을 세웠다고 봅니다. 지금의 우주를 동전 하나만큼 축소한다면 동전 하나에 무엇이 들어갈까요. 거대한 바다는 물로 되어 있고 그것은 입자와 파동입니다. 지금의 태양도 주성분이 수소이기에 입자와 파동입니다. 우주를 이루는 모든 것은 원자로 이루어졌기에 입자와 파동입니다. 인간도 원자로 이루어졌기에 입자와 파동이겠지요. 원자 안에는 모든 생명의 근본을 이루는 원자, 그 안에는 빛이 있고 빛의 울림이 있기에 생명체가 탄생하는 것입니다. 빛의 존재는 양자도약에서 나오며 에너지입니다. 그 에너지가 바로 울림입니다. 마찬가지로 동전을 우주만큼 확대한다면 지금의 우주가 탄생된다고 할 때 입자 파동 울림이 있기에 이 우주가 호흡하며 생동하는 것입니다.

내면세계의 양자도약에서 에너지의 흡수 배출로 인한 빛의 존재는 정신의 영역, 정신적인 힘의 근원이 되었다는 사실입니다. 빛은 입자 파동, 그리고 울림 이렇게 3중성으로 보아야 합니다.

3) 빛의 3중성으로 현대물리학과 정신세계를 연결하다

새로운 우주가 탄생했습니다. 지금까지 빛은 입자와 파동이었습니다. 전기장과 자기장이 진동하며 관계의 공간을 만들었고 공간을 만드는 전자기력인 빛은 상호작용을 통하여 에너지를 전달하며 오늘날의 우주를 만들었습니다. 빛의 에너지가 존재를 형성하고 울림이 있었기에 오늘날 우리가 있었던 것입니다.

양자역학에서 일어나는 빛은 양자의 에너지입니다. 거시세계에서는 입자와 파동으로 존재하지만, 미시세계에서는 일어나는 빛 에너지가 양자울림으로 이루어진다는 사실입니다. 저자는 양자의 세계에서 행렬역학과 파동역학은 존재하지만 에너지의 본질은 의식을 일으키는 울림이라는 것입니다. 모든 생명체가 물질의 존재가 아닌 것은 이러한 빛의 울림이 있기 때문입니다. 우리 뇌뿐만 아니라 모든 곳에 지금도 양자의 에너지가 경이롭게 일어나고 있습니다. 물론 양자역학에서 전자는 입자와 파동의 성질이 있지만 그것은 울림을 위함이고 빛의 에너지는 의식을 일으키는 존재라는 것입니다.

그것은 식물에게도 마찬가지입니다. 식물의 거시세계에서는 입자와 파동으로 일어날 수 있지만 미시세계에서 수많은 양자도약이 있습니다. 그것이 유전자를 결정하고 울림이 되고 의식을 일으켜 꽃이 피고 열매를 맺는다는 것입니다. 입자와 파동은 물질의 속성, 양자역학의 빛은 입자의 운동으로 인하여 생명체가 완성된다는 것입니다.

만약 빛의 성질이 입자와 파동으로 된다면 입자와 파동은 물질적 속성이기에 생명체의 빛은 물질이 된다는 것인데 이해하기 어려운 일입니다. 그래서 빛의 삼중성은 거시세계 입자, 파동, 미시세계 울림으로 빛의 속성으로 규정할 수 있습니다.

수천 년 동안 빛은 입자인가 파동인가 서로의 논쟁이 있었고 16세기 뉴턴의 프리즘 실험에서 빛은 입자임이 증명되었습니다. 그리고 19세기 초 토마스 영의 이중실릿을 통하여 빛의 간섭모양을 발견하여 빛은 파동설로 규정하였고 20세기 초 아인슈타인은 금속판 실험에서 빛의 세기가 아니라 주파수의 빈도에 의하여 전자가 튀어나오게 됨을 보고 입자설을 다시 확인하였습니다. 그런데 여기에는 모순이 있다는 것입니다. 실험 대상이 물질이라는 것입니다. 여기 세 가지 실험으로 빛의 존재를 알 수 있을까요.

황금 들녘에 빛을 머금고 벼들이 자라날 때, 내 작은 노력이 결실을 맺고 감격할 때 인류에게는 수많은 일이 일어나고 지금도 일이 일어납니다.

모든 존재는 원자로 되어 있고 원자 안에는 빛이 일어나는 양자도약이 있습니다. 전율이 일어나는 곳. 그곳에는 울림이 있습니다. 입자와 파동은 물질의 영역인데 울림은 물질의 영역이 아닙니다.

울림이 있었기에 오늘날의 역사가 있었고 앞으로 소망을 가질 수 있는 것입니다. 앞으로 우주를 이끌어 갈 힘은 울림입니다.

빛의 울림은 존귀함을 일으키고, 온유함을 일으키고 우리가 살아가는 정보와 지혜의 힘을 일으키는 존재입니다.

그것은 물질의 영역이었고 물질의 존재, 원자의 존재를 해석했습니다. 그러나 빛의 삼중성 입자 파동 울림으로 물질의 영역과 정신의 영역으로 끌어들였습니다. 그동안 알려졌던 빛의 존재를 한 세기 만에 다시 해석하였습니다. 지금까지 정신은 도덕과 윤리 즉 칸트와 헤겔의 정신이 주류를 이루었습니다. 헤겔의 정신은 이성이었고 이성을 우주로 확대시켰습니다. 즉 그는 인간의 정신을 주장했고 우주로 확대하지 못했습니다.

빛의 정신은 이성의 정신 인류의 정신이 아닙니다. 인간과 자연, 모든 동식물과 존재하는 모든 것들이 울림의 영역에서 서로 함께 살아가는 정신입니다. 빛에 그러한 울림의 정신이 있다는 것입니다. 철학, 법학, 정책학, 역사학, 사회학, 심리학 등 모든 학문의 영역 등도, 이성으로써 해결하지 못한 것들도 울림의 영역으로 끌어당겨 해석해야 문제가 풀린다는 것입니다. 빛은 존재하는 모든 것들의 시작점이고 열매를 맺게 하는 존재이기 때문이다.

빛은 아인슈타인의 상대성 원리에서만이 아니라 인문과학, 사회과학, 모든 학문 등도 빛의 정신을 끌어당겨야 합니다. 자연만이 빛에서 나온 것이 아니라 모든 존재가 빛에서 나온 것이기 때문입니다.

빛의 이중성은 물질의 영역에 있었지만 빛의 3중성은 정신적인 영역으로 연결시켰습니다. 빛은 물질뿐만 아니라 정신의 영역이기도 합니다. 예를 들면 철학의 근본은 이성입니다. 그런데 현대철학은 복합적인 작용의 요소로 진리를 찾아가고 있습니다. 이성은 인간 중심입니다. 모든 만물을 아우를 수가 없다는 것입니다.

뇌는 단지 전기 신호로만 작동하지 않습니다. 우리 뇌는 어두운 곳에서 은은한 빛을 발산하고 있으며 점점 의식과 인지 상태, 질병 징후까지 생물학적 신호로 떠오르고 있습니다. 빛으로 우울증을 치료하고 최근에는 빛으로 기억 조절해 정신질환 치료 가능성을 열었고, 카이스트 연구진은 빛으로 단백질의 활성을 조절하는 광유전학 기술을 개발하고 이를 통해 과도한 기억 형성을 억제해 PTSD의 발생을 줄일 가능성을 열어두었다고 합니다. 빛은 의식을 회복하고 생명을 불어넣는 존재입니다.

인간은 생각은 빛에서 근원을 찾아야 한다는 것입니다. 지금까지의 빛은 물리학의 영역이었지 의식의 영역이 아니었습니다. 빛은 모든 만물을 끌어당깁니다. 그리고 생명을 일으키고 있습니다. 만물의 존재 형성은 빛에서 나왔고 뇌에서 의식의 형성과 사유 양식을 일으키고 행동

양식이 지혜를 사랑하는 의식은 빛을 연구할 필요가 있습니다. 존재하는 모든 것은 의식이 있고 모든 세계를 끌어당기고 있습니다. 인간만이 의식이 있는 것은 아닙니다. 자연의 생태계에도 의식이 있습니다. 빛은 모든 만물을 끌어당기고 산소를 공급하여 모든 생명의 근원이 되었습니다.

4) 우주는 빛의 3중성으로 호흡하고 있다

물리학자들은 우주는 물질과 에너지로 이루어져 있으며, 이 중 대부분은 수소와 헬륨 등 기본 원소와 그 구성 입자(양성자, 중성자, 전자, 쿼크)로 이루어져 있다고 보고 있습니다.

아인슈타인의 E=mc2 공식에 따르면, 모든 물질은 에너지의 한 형태로 변환될 수 있습니다. 실제로 우주의 초기에는 순수한 에너지 상태였으며, 이후 물질로 응축되었습니다. 그런데 물질은 진동하고 있으며 물질은 입자와 파동으로 존재하고 그곳에 있는 빛이 우주를 주관하고 있다는 것입니다. 우주는 물질과 에너지로 이루어졌다는 것은 인간인 나도 물질과 에너지로 이루어졌다는 것입니다. 분명 내 자신도 원자로 되어 있고 물질과 에너지라고 볼 수 있겠지만 인간의 존재는 물질과 에너지가 아닙니다. 인간을 이루는 모든 기관은 원자로 되어 있지만 인간은 의식의 존재요, 사유의 존재입니다. 그 근본에는 빛의 울림이 있습니다.

우주는 빛으로 감싸여 있습니다. 빛은 입자 파동으로 존재하는 것 같지만 울림이 있기에 우주가 호흡할 수 있는 것입니다. 입자 파동은 물리적인 공간 확장입니다. 존재의 탄생, 성장, 소멸은 빛과 관여되어 있습니다. 빛이 있기에 만물이 탄생했고 성장할 수 있었습니다. 빛이 없다면 모든 존재는 소멸됩니다. 입자 파동은 물리적 공간을 확장시킬 수 있지만 그것으로 우주는 생존할 수 없습니다. 바로 원자가 호흡할 수 있는 원인은 빛의 울림이 있기 때문입니다.

우주가 호흡을 하고 있습니다. 그것은 울림이 있기 때문에 호흡을 하고 있다는 것입니다.

울림은 생동하는 에너지입니다. 입자와 파동도 에너지입니다. 그러나 그것으로 존재의 완전체를 이룰 수 없습니다.

지금까지 빛은 물질의 영역으로 끌어당겨 거대한 담론을 내세웠습니다. 우주는 원자로 되어 있다는 파인만, 물질의 작용으로 움직인다는 뉴턴의 세계관, 아인슈타인의 상대성 원리, 양자역학 등은 물리적 영역에 머물렀습니다. 그런데 내가 보는 견해는 우주의 한쪽 면만을 그동안 과학자들은 보았다는 것입니다. 울림이 없는 우주는 아무런 목적 없이 그냥 떠다니는 우주입니다.

중력의 법칙으로 사계절이 일어나고 자전과 공전으로 시간이 탄생하고 빛은 아인슈타인의 특수상대성원리, 일반상대성원리 등에 적용되는 개념이었습니다. 그런데 빛은 인간의 생각, 자연의 생각 모든 피조물의 영역에 있으며 그것이 존재를 끌어당겨 지금의 나, 지금의 자연을 탄생시켰습니다.

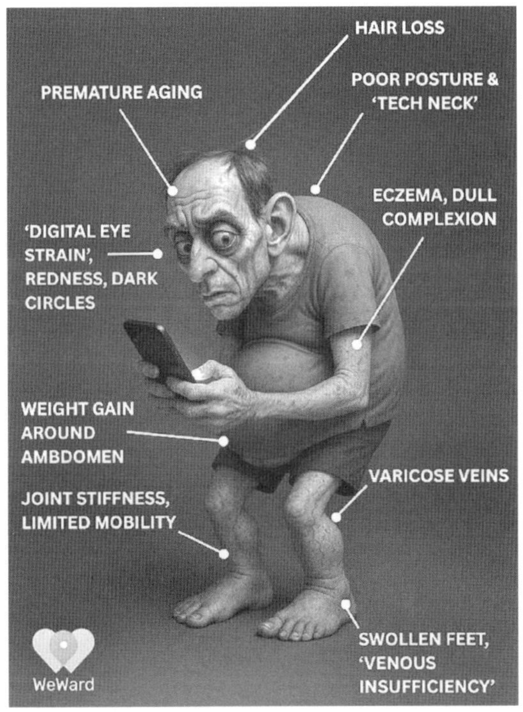

이 사진은 미래의 나의 모습을 그려낸 어느 일간지의 사진입니다. 인간의 존재가 충격적입니다. 갈수록 인공지능이 세계를 지배하고 인간은 하청업자로 전락한다는 위험한 보고서도 있습니다. 인공지능의 명령에 따라서 인간은 움직인다는 것입니다.

미래의 노동력 확보 및 자동화로 전환

인간의 조율이 필요한 프로세스를 AI로 자동화하여 현장의 인력난을 해결합니다.

숙련된 엔지니어의 직감과 경험에 의존하는 프로세스/교란이 발생할 때마다 사람의 조정이 필요한 프로세스 컨트롤 향상에 기여, 오버슈트를 억제하여 제어할 수 있습니다. 제어력을 향상시켜 장비의 부하를 줄일 수 있습니다. 생산성과 에너지 절약 모두 기여(지속발에 기여)로 지금 전 세계는 인공지능에 사활을 걸고 있습니다.

입자와 파동으로 전기·전자, 디스플레이 통신 AI 로봇 등을 생산하여 산업화를 이루어 냅니다. 인공지능이 데이터를 통하여 의사결정을 하고 명령을 내리고 있습니다. 전 세계가 인공지능에 의지하게 되고 인간이 설 자리는 축소됩니다. 인공지능이 통치하는 시대가 오고 로봇이 지배하는 시대가 지금 오고 있습니다. 나와 똑같은 로봇을 만들어 나는 집에 있고 로봇이 나를 대신하여 모든 일을 처리하고 종교 행사도 가고 사람도 만나고 대화도 나누게 됩니다. 부모가 돌아가셔도 부모와 같은 휴머노이드 로봇을 만들어 로봇이 부모가 되어 활동하게 됩니다. 그 모든 것은 반도체, 양자역학의 입자와 파동이 만들어 낸 것입니다. 전자기력인 입자와 파동이 우주를 확장시키지 못하고 시간과 공간을 멈추게 할 수 있습니다. 빛은 우주를 확장시켰습니다. 상호작용을 통하여 지금의 우주 존재를 만들었습니다. 바로 입자와 파동인 물리의 법칙이 만들어 낸 것이 아닙니다. 지금의 우주는 울림이 있었기에 존재하는 것입니다.

지금 빛의 울림의 시대로 가야 합니다. 빛의 입자와 파동이 양자역학을 발전시켰고 오늘날 인공지능의 시대로 만들어 가고 있습니다. 정치, 경제, 사회 문화, 종교 등이 빛의 울림의 시대로 인도해야 합니다. 생산성 중시가 아니라 빛이 어떻게 우주를 다스리고 있는지 그 중심을 바라보아야 합니다.

5. 물질의 시대에서 의식의 시대로

갈릴레오의 지동설은 지구가 우주의 중심이라는 중세적 신념을 철저히 무너뜨렸습니다. 천사가 달을 지구 위를 몰고 다녔다는 중세의 신학은 더 이상 통용할 수가 없었습니다. 우주의 과학의 시대가 본격적으로 태동하게 되었습니다. 뉴턴이 위대한 과학자인 이유는 천상의 세계와 지상의 세계가 운동법칙이 같다는 것이었습니다. 뉴턴의 중력법칙으로 우주의 중심은 물질이었습니다. 우주에서 운행하는 법칙은 서로를 끌어당기는 힘으로 태양이 끌어당기기 때문에 태양 주위를 공전하는 개념은 태양의 무게가 이 지구의 무게보다도 크기 때문에 태양 주위를 공전한다는 중력법칙을 더 이상 의심할 수 없었습니다. 우주를 움직이는 네 가지 힘 중에서 중력의 법칙을 발견한 뉴턴은 가장 위대한 과학자입니다. 그가 발견한 미적분, 빛의 입자설 등 수많은 우주의 현상을 수식으로 정립했습니다.

인류 역사상 최대의 과학자라 할 수 있는 뉴턴(Isaac Newton, 1642-1727)이 정립한 역학 체계는 아인슈타인이 나오기 전까지 수백 년 동안 인류의 시공 개념을 장악했습니다. 흔히 고전역학이라고 불리는 이 역학 체계는 뉴턴의 힘에 관한 세 가지 법칙과 만유인력의 법칙을 근간으로 하고 있습니다.

뉴턴은 자신의 이론을 통해 케플러가 제시한 행성의 타원 궤도 운동을 수학적으로 완벽하게 설명할 수 있었습니다. 만유인력을 중심으로 한 그의 역학 체계는 1687년에 출간된 『자연철학의 수학적 원리』에서 체계적으로 소개되었는데, 이것은 다윈의 『종의 기원』과 함께 인류 역사상 가장 중요한 과학책입니다.

16-17세기에 진행된 과학의 혁명적인 변화를 흔히 '과학혁명'이라 부릅니다. 뉴턴의 혁명이야말로 코페르니쿠스에 의해 촉발된 천문학의 문제들을 역학적으로 완전히 설명하고, 갈릴레오에서부터 비롯된 역학의 혁명을 완결짓는 것이었습니다. 이러한 뉴턴의 역학은 이후 호이겐스, 라플라스 등에 의해 더욱 정교화되었고, 이후 모든 물리 과학(physical science)의 기본이 되었습니다.

나아가 고전역학은 특정한 초기 조건과 물체의 운동을 기술할 수 있는 방정식이 있으면 세상에서 일어나는 모든 일을 정확하게 예측할 수 있다는 믿음을 심어 주었습니다. 이러한 믿음은 20세기에 들어와 양자역학이 성립되면서 상당히 퇴색되었지만, 일상적인 인간의 삶에서는 여전히 큰 영향을 미치고 있습니다.

현대 과학은 원자를 기술하는 양자역학으로 물리적 세계를 완성하는 단계에 이르게 되었습니다.

돌턴은 모든 만물은 더 이상 쪼갤 수 없는 원자로 되어 있음을 규명했고, 톰슨의 전자, 러더퍼드의 원자핵, 닐스보어는 전자는 원자핵 주위를 돌고 있는 점을 규명했고, 하이젠베르크의 불확정성 원리, 드브로이의 전자는 입자와 파동, 슈뢰딩거는 전자를 파동방정식으로, 막스보른 전자의 위치와 운동량을 확률로, 오비탈 시각화 전자구름, 여기에서 설명한 대로 양자역학은 원자를 기술하는 학문이 되었습니다.

우주의 과학은 근세의 결정론적 세계관에서 현대에는 비결정론 세계관으로 변해 가고 있습니다. 그 중심에는 양자역학이 있습니다.

아인슈타인은 자연의 세계에서는 어떠한 법칙이 존재하는데 인간의 세계에서는 법칙을 발견할 수 없다고 했습니다. 그런데 자연의 법칙도 원자 내부를 보면 확률로 되어 있어서 정해진 법칙이 없다는 것이 현대 과학의 중론입니다.

자연의 세계와 인문학의 세계가 연결되는 것이 현대 과학의 남겨진 숙제입니다. 양자역학을 보면 세상이 보인다는 말이 있습니다. 자연과 인문학을 보면 빛의 울림에 답이 있습니다. 양자역학은 입자와 파동으로 움직이지만 그것의 운동은 빛의 울림입니다. 물리적 속성인 입자와 파동으로 우주를 열어 갈 수는 없습니다. 빛의 울림을 보아야 합니다. 앞으로 인문학은 이성 중심에서 빛의 울림으로 근본적 토대를 세워야 합니다. 저자는 울림의 경제학, 울림의 정책학, 울림의 정치학 등으로 연구가 되며 과학과 대화를 나누고 교류하며 융합된 사회를 인도해야 한다고 보고 있습니다.

6. 결론

인류는 빛에 소망을 두었습니다. 인문학에서는 빛이 사회의 통찰개념으로 대두되었고 종교에서는 빛의 상징은 진리, 구원, 사랑, 그리고 세상을 밝히는 소명을 의미하며 어느 종교는 '빛'은 진리와 지혜, 무한한 존재의 본질을 상징하는 중요한 개념으로, 빛은 수천 년 동안 인류의 정신을 이끌었습니다. 그동안 인류의 정신을 이끌어 온 빛은 입자와 파동이 아니었습니다. 빛의 의식을 일으키는 울림이었습니다. 현재의 뇌 과학에서는 인간의 의식이 뇌세포 네트워크를 흐르는 전기 신호 패턴에 의해 형성되는 것으로 여겨집니다. 이런 생각에서는 의식이 어디선가 나와서 네트워크에 머무르는 것이 아니라 네트워크 구조와 전기 활동이 일정한 패턴을 취했을 때 '의식'이 발현된다고 합니다. 인간의 의식은 양자효과로 생겨난 것입니다. 모든 생물들의 의식은 바로 양자효과로 나타난 것입니다. 식물에게도 마찬가지입니다.

특히 광합성에 대한 양자생물학의 기여도는 눈부시고, 광(빛)에너지로부터 영양(화합물)이 만들어지는 과정에서는 전자가 양자적인 행동에 의해 갑자기 위치를 바꾸고, 양자역학의 양자효과로 식물의 꽃의 형태가 결정되고 열매의 농도가 결정된다는 것입니다. 바로 빛의 울림입니다. 빛은 경이롭게 전율을 통하여 식물을 발현합니다. 인간에게 빛이 의식을 일으키는 것은 정신세계를 일으킨다는 것입니다. 그것은 생각을 일으키며 감동을 일으키며 울림을 일으키고 있습니다. 울림이 없다면 인간은 몸짓에 불과합니다. 식물에게 입자와 파동은 성장시키는 것은 분명하지만 식물의 DNA는 식물의 의식을 일으키는 양자울림에서 나온다는 것입니다. 빛의 입자와 파동은 물리적 속성이고 울림이 있기에 빛이 완성됩니다.

양자역학에서 발생되는 빛의 존재와 에너지는 우주에게는 생명선입니다.

슈뢰딩거 방정식에서 '슈뢰딩거'는 입자의 위치와 에너지가 확률적으로 분포하는 것으로 양자의 세계는 불확정 세계이며 확률의 세계입니다. 입자와 파동은 물질의 세계이지만 울림은 의식의 세계입니다. 양자역학에서 입자와 파동의 세계가 불규칙적이고 입증할 수 없다는 것이 현대물리학의 정설입니다. 입자와 운동량을 동시에 측정할 수 없다는 하이젠베르크의 양자세계를 아인슈타인은 신은 주사위 놀이를 하지 않는다고 양자역학은 과학이 될 수 없다고 말했습니다. 양자역학에서 말하는 입자와 파동의 에너지는 결정된 것이 없습니다. 다만 확률적입니다. 인류의 정신을 이끌어 온 빛의 존재, 그것 또한 정할 수 없고 수없이 변동하고 있습니다.

빛의 존재는 입자와 파동의 물질적 속성에서 내면의 정신적 속성을 바라보아야 합니다. 양자효과는 그것을 증명하고 있습니다. 우리 몸 안에 있는 양자도약과 양자세계의 빛은 전율을 일으키며 진리를 찾아가는 소망의 울림이 있습니다. 소망의 울림이 없다면 입자의 운동으로 물질의 존재가 되어 갑니다. 인류가 찾아가는 빛의 울림, 그것은 뉴턴의 빛도 아니고 토마스 영의 빛도 아니고 아인슈타인의 빛도 아닙니다. 양자역학에서 나오는 입자와 파동의 에너지, 그것은 빛의 울림입니다. 양자역학에서 말하는 입자와 파동은 오늘날 전자의 시대를 이끌었고 인공지능 등 최첨단 시대를 열어 가는 존재가 되었지만 양자역학에서 나오는 빛의 울림 또한 인류를 인도할 정신으로 존재하는 것입니다.

정리한다면 빛의 이중성인 입자와 파동이 양자역학이 태동하는 계기가 되었고 눈부신 과학의 발전을 이루었고 빛의 3중성에서 빛의 울림은 모든 생명체에 의식을 일으키고 인간에게는 인류사회 문화, 종교, 역사를 일으켰다는 것입니다.

작품 설명

지금까지 빛은 물리적 영역이었는데 저자는 빛을 물리적 영역에서 정신적 영역으로 끌어당겼다. 20세기 초 아인슈타인의 광전자 발견으로 빛은 입자와 파동으로 인류는 그동안 수세기 동안 논란이 있어 왔던 빛의 성질을 빛의 이중성으로 결론을 냈다. 그런데 2026년 빛의 삼중성을 저자는 들고 나왔다. 빛의 입자, 파동, 울림이다. 우주 만물의 형상을 입자와 파동으로 설명하기에는 너무나 이해가 되지 않아 빛이 세계를 조명한 것이다. 빛은 분명 알갱이적 입자의 모습이 있다. 빛은 또한 파동으로 간섭, 굴절, 회절 반사 등이 있다. 우주 배경 복사 에너지인 빛으로 우주가 열렸고 모든 생명체로 자라나기 시작했다. 그런데 빛의 알갱이, 간섭, 굴절, 회절, 반사 등으로 우주 만물의 형상을 설명할 수 있겠는가.

빛은 주파수에 의하여 입자, 파동, 울림이 존재한다. 입자와 파동은 그동안 물리학에서 정립되었고 저자는 빛의 울림의 세계를 다루고 있다. 그곳에서 빛은 정신의 영역으로 끌어당겼다. 저자는 원자의 융합 등으로 우주의 입자와 파동이 일어났고 결국은 입자와 파동의 운동이 빛을 일어나게 했고 그것의 삼위가 즉 입자와 파동 울림으로 우주 탄생이 시작되었다고 보고 있다. 만약 입자와 파동이 있지만 빛의 울림이 없다면 우주의 종말은 시작되었다고 볼 것이다. 그만큼 빛은 우주 탄생의 본질이고 빛이 있기에 성장하고 결실을 맺는 존재자이다.

저자는 새로운 우주 탄생을 소망하고 있다. 그동안 입자 파동의 물리 영역에서 울림의 정신적 영역으로 우주가 역동적으로 피어나기를 소망한다.

관찰자의 시점에서 보면
빛은 입자가 되고
파동이 된다

그런데 물질을 관찰하면 입자, 파동이지만
생명체의 관찰의 시점을 보면 빛은 울림이라는 것이다

지금까지 빛의 실험은 물질에 관한
것이었다
식물을 보면 빛은 입자와 파동의 세계로
존재하는 것으로 보이지만
식물의 본질은 빛의 울림이다
식물의 입자 파동은
몸짓이다

그들에게도 감정이 있고 기쁨이 있고
상한 갈대를 꺾지 아니하는 것은
그들에게 아픔이 있기 때문이다
식물도 생각이 있고 소망이 있다

식물은 빛을 온몸으로 받고 있다
빛이 식물의 모든 것을 끌어당기고 있다
식물 DNA는 꽃 색상, 잎의 형태 등으로
다양한 생물학적 특성을 조절한다
그 얼마나 울림이 일어났던가
식물이 꽃이 피는 것은 경이롭고 아름답다
빛의 울림이 의식을 가지며
피어나고 있다

-〈빛의 울림 2〉 중에서

200여 년 동안 빛은 입자와 파동으로 논쟁이 있어 왔고 관찰자의 시점에서 입자, 파동으로 빛의 이중성으로 결론을 내렸다. 그런데 관찰자의 시점이 물질에 머물렀다는 것이다. 살아 있는 식물이나 인간의 생명체에 빛의 관찰자 시점에서 보면 입자와 파동이 몸짓일 수 있다는 것이다.

빛으로 생성된 식물은 파동으로 꽃이 피는 것이 아니라 DNA 유전정보가 있고 그것으로 인하여 꽃이 피고 열매가 열린다는 것이다. 식물에게 입자와 파동도 중요하다. 그것이 영양분이 될 수 있지만 그렇다고 파동이 꽃으로 피어나는 것이 아니고 울림으로 피어난다는 것이다. 인간도 몸을 이루어야 생명을 유지할 수 있다. 그래서 입자와 파동도 중요하다. 그러나 그것은 몸짓이고 중요한 것은 의식의 흐름이다. 그것은 빛의 울림에서 나온다는 것이다.

우주의 완성은 빛의 울림에 있다
용을 그리고 난 후에 마지막으로
눈동자를 그려 넣었더니
그 용이 실제 용이 되어 홀연히 구름을 타고
하늘로 날아 올라갔다는 화룡점정의 이야기가 있다

만약 신이 우주를 창조했다면
아니면 우주는 우연히
창조된 거라고 믿는 사람이건

우주의 화룡점정은 입자와
파동이 아니라
빛의 울림이었다

그것이 있었기에 우주가 심장처럼 뛰고 있는 것이다

-〈우주의 완성〉 중에서

우주는 기본 입자(소립자)로 구성되어 있다는 것이 현대 물리학의 핵심 이론이다. 우주를 구성하는 입자의 종류에서 기본 입자는 쿼크(12종), 렙톤(12종), 보손(6종) 등 총 30종으로, 이들은 원자와 물질을 이루는 가장 작은 단위다. 전자, 양성자, 중성자 등 원자의 구성 입자 역시 기본 입자에서 결합된 형태이다. 입자물리학의 표준 모형은 이 기본 입자들의 상호작용과 성질을 설명하는 이론으로, 현재까지 실험적으로 검증되고 있다. 그런데 이 모든 것이 빛의 울림에 의해서 작동되고 있다는 것이다. 입자와 파동은 존재를 구성하는 요소는 분명하지만 울림이 있기에 입자와 파동이 탄생하고 성장하는 것이다.

우주에서 이 땅에 쏟아지는 빛
그것은 알갱이로 쏟아졌고
때로는 파동으로 쏟아졌다

빛이 있었기에 우주가 탄생했다
무엇이 일으켰는가

이 땅이 소생하고 호흡하고
모든 생명의 근원은 어디에서 나왔는가

그것이 있었기에
탄생하고 성장하고 열매를 맺지 않았는가
우주의 심장은 빛이었고
빛의 심장은 울림이었다

울림이 있었기에 우주가 탄생하였다

그 울림은 존귀하며 온유함을 일으켰고
존재의 의미를 되살렸다

존재의 모든 세포가 울림이 있었기에
소망을 가질 수 있었고
생명을 자라나게 했다

-〈빛이 온 우주를 일으켰다〉 중에서

빛은 입자와 파동의 형상으로 이 땅에 내려지지만 이 땅이 소생하고 호흡하는 것은 빛에 울림이 있기에 생육하고 생명체가 자라난다는 것이다. 입자도 에너지가 있고 파동도 에너지가 있다. 그것은 물질의 작용이다. 인간만이 소망이 있는 것이 아니다. 모든 존재자는 소망이 있고 아픔도 있고 사랑받기를 원하고 있다. 빛의 울림이 있기에 이 모든 것이 작용하는 것이다.

저자는 생명의 근원을 빛의 울림으로 보고 있다. 그것이 생명체를 이루고 유전자를 만드는 것이다.

여기 찬연한 대지의 숨결이 피어오른다
기쁨이 넘치고 모든 인간은 형제가 된다

희망과 인류애를 노래하는 베토벤의 교향곡 9번. 환희의 송가가 울려 퍼지는 순간,
모든 이들이 하나가 된다
우주의 대미를 장식할 이 장대한 합창 속에서, 음악이 전하는 감격과 환희,
그 무엇으로 표현할 수 있겠는가
빛의 울림은 베토벤의 합창 소리와 같다

그 감격, 우주의 창대한 소리를 들어 본 적이 있는가

우주는 그것 때문에 진한 감동이 몰려온다

-〈베토벤의 합창〉 중에서

신이 생각한 빛의 존재는 이러한 울림이 가득 찬 것이리라. 빛의 파동과 입자가 우주를 수놓고 그 에너지 속에서 울림이 일어나 모든 이들이 하나가 되길 원했을 것이다. 분열과 갈등이 치유되는 길은 저자는 빛의 울림에 있다는 것이다. 대자연 속으로 인간의 생각이 들어가 에너지를 얻고 서로서로 빛의 울림의 합창을 해야 한다. 그러면 우주의 창대한 소리를 들을 수 있을 것이다. 찬연한 대지의 숨결이 피어오르고 소망의 인류애가 일어날 것이다.

우리의 삶 속에 울림이 없다면
황폐한 삶이나 마찬가지이다
무엇을 위하여 우리는 살아가야 하는가

깊은 울림이 있어야 한다.
울림이 없는 삶은 죽은 시인의 삶이다
경전을 천만 번 읽어도 울림이 없다면
그것은 지식일 뿐이다

우리가 살아가는 힘
그 힘은 빛에서 나왔다
빛은 단지 입자와 파동이 아니다
울림이다

깊은 울림이 있기에 내가 살아가는 것이다

-〈깊은 울림〉 중에서

저자는 우리가 살아가는 힘을 깊은 울림에서 찾고 있다. 물론 탄수화물, 지방, 단백질이라는 3대 영양소가 우리 몸을 지탱하고 있다. 탄수화물, 지방, 단백질은 입자와 파동으로 연결되어 있다. 그것은 양자의 운동으로 존재하고 있으며 빛을 내고 있다.

그 영양소가 없다면 우리는 에너지가 없고 죽을 수밖에 없다. 그러나 우리가 살아가는 힘을 저자는 깊은 울림으로 보고 있다. 울림이 없다면 공허하고 살아 있다고는 하지만 살아 있는 것이 아니다. 즉 호흡을 하고 있다고 진정한 존재자가 되는 것이 아니다. 우리가 삼대 영양소를 채운다고 인간의 존재자가 되는 것이 아니다.

깊은 울림이 있기에 우리가 살아가는 것이다.

빛은 온 세상을 물들이고 있다
계절에 따라 옷을 입히고
석양 노을에 붉게 물들이고 있다

그러나 그보다 중요한 것은
빛은 만물의 심장이라는 것이다

빛이 있기에 모든 만물이 피어나는 것이다
온유한 햇살은 대지 안에만 있는
것이 아니다

우리 안에도 있다

너와 내가 울림이 되어
나아갈 때
어둠의 장막이 사라지고
빛의 울림이 시작된다
그 울림이 세상을 깨우리라

-〈빛은 만물의 심장〉 중에서

빛이 없었다면 우주는 탄생하지도 않았고 나의 존재도 생각할 수 없을 것이다. 빛은 어둠을 깨우고 밝은 세계로 인도하는 존재로 알고 있지만 빛의 존재는 그보다 더 크고 웅장하고 위대하다. 빛은 심장과 같은 존재다. 주기적인 수축에 의하여 혈액을 몸 전체로 보내는 심장은 우리 몸의 중심이다. 빛은 우주에 있어서 혈액과 같은 존재다. 모든 곳에 빛은 에너지를 주며 살아 움직이게 하고 있다. 심장이 멈추면 모든 기관들이 종료되듯이 빛이 없다면 모든 존재는 소멸할 것이다. 입자와 파동으로 즉 빛의 간섭, 반사, 굴절 등으로 우주의 존재를 해석하기에는 한계가 있다.

이 세상은 빛으로 이루어진 하나의 형상이다
그리고 인간은 빛의 형상이다
만물은 빛의 속삭임이다
모든 지혜는 빛에 있다

그것은 선한 울림으로
바라보고
선한 울림으로 호흡하고

우리의 사고는 선한 울림으로

생각의 범위를 넓히라는 것이다

인간은 이성적인 존재 이전에
선한 울림으로 육체와 정신의 존재다

나를 이루는 모든 세포는 빛으로 생성되었고
의와 참으로 이루어졌다
그것이 내 안에 일어날 때 슬픔이 위로가 되고
기쁨이 솟아나리라

-〈빛으로 이루어진 형상〉 중에서

저자는 이 세상은 빛으로 이루어진 형상으로 보고 있다. 수소 원자에서 시작된 우주는 원자핵의 융합 운동으로 우주가 탄생하고 지구와 인간의 존재도 탄생하게 된다. 양성자와 중성자로 이루어진 원자핵은 소립자로 이루어졌고 우주는 원자로 되어 있다고 본다. 그런데 저자는 빛의 형상으로 보는 이유는 원자는 결국 빛을 도출하고 있기에 우주를 빛의 존재로 보는 것도 무방하다. 인간도 원자로 이루어졌지만 원자 안에서 빛의 울림으로 가득 차 있다. 나를 이루는 모든 세포는 빛으로 되어 있다. 그 빛은 선한 울림이다. 선한 울림으로 바라보는 세계는 인간의 본연의 모습이다.

아리스토텔레스는 시를 모방이라고 정의했다
소쉬르는 언어를 의미를
생성하는 존재라고 말한다

여기 모든 생의 기초가 되며
달고 향기로움이 솟아나는
존재가 있다

젖과 꿀이 흐르는 땅으로
인도하고 축복의 생명샘이
솟아오르는 존재다

-〈생성하는 존재〉 중에서

빛은 모든 만물을 일으키는 존재다. 그것은 빛의 울림이 있기 때문이다. 언어는 존재의 의미를 생성한다. 그것은 의사전달의 수단이 되고 그 내면 속에 의미를 새기면서 가치판단을 하는 도구가 되기도 한다. 빛의 울림은 바로 전달의 의미보다도 생성하는 의미에 있다. 에너지를 전달하는 의미의 입자와 파동뿐만 아니라 존재를 형성한다. 그리고 성장하고 열매를 맺게 하는 일으키는 존재다.

빛은 대기와 사물의 아름다움을 순간순간
변화시킨다

모네의 대성당 수련을 보라
빛으로 그 순간순간이
피어오르지 않는가

내 친구는 신의 눈을 가진
모네를 마음속에 품고 있다

빛의 눈으로 바라보면
세상의 모든 것이 빛처럼
다가서고 살아 오르게 한다

-〈빛은 순간순간 변화시킨다〉 중에서

모네는 빛의 화가다. 빛의 순간순간을 화폭에 담는다. 빛은 변화를 주면서 그 의미를 생동감 있게 바라보게 한다. 빛의 울림으로 세상을 바라보면 더욱더 값지며 더 넓은 세계를 바라보게 된다.

하찮은 것도 그것의 의미를 살필 수 있으며 존재하는 모든 것이 감동으로 다가온다. 지루한 풍경, 계절마다 똑같은 옷을 입히는 이 세상에

세월의 무게를 보는 것이 아닌 꽃을 보면서 부활의 소망을 불러일으키게 한다.

빛의 존귀한 울림으로 사람을 바라보고 싶다
그곳에는 차별이 없고
나의 유익을 위해
내가 필요에 의해서 선택이 아닌
한결같은 사랑이
있기 때문이다

우리가 사는 세상에
시련 가운데 연단을
연단 속에 인내를
인내 가운데 소망을 일으키니

사람의 마음에는 자기의 유익을 찾지만
그 속에서 나오는 열매가 아름답고
소망이 가득 차리라

-〈빛의 사람을 바라보고 싶다〉 중에서

저자는 빛의 울림으로 사람을 보고 싶어 한다. 우리 인간은 사람을 볼 때 외관적인 모습, 그리고 나에게 도움이 되는 사람, 권력이 있거나 영향력이 있는 사람이 있는지 평가하여 나아가게 한다. 울림으로 보는 것은 사람에 대한 차별이 없고 선택이 아닌 한결같은 사랑이다.

빛은 모든 만물에 차별이 없고 계급이 없다. 모든 존재는 존귀하고 온유함을 일으키는 존재자다.

내 안에 그것이 일어날 때
나는 강인한 힘이 일어난다

빛의 성실함이 일어나고
빛의 평강이 일어나고

내 안은 푸르른 오월의 햇살이 일어난다
내가 가진 상처, 내가 가진 분노가 치유되고
내 안의 심연의 대지는

푸르른 새싹이 돋아난다
주는 만물의 주재가 되사 손에 권세와 능력이
있사오니 모든 사람을 크게 하심과

강하게 하심이 주의 손에 있나이다

-〈내 안에 그것이 일어날 때〉 중에서

저자는 빛이 울림이 일어날 때 강인한 힘이 일어난다고 본다. 삶의 의욕이 없고 공허하며 나태해지는 것이 우리 인생이다. 빛의 울림은 성실함을 불러일으키고 평강을 불러일으키기에 삶의 의욕을 강하게 인도하는 힘이 있다. 공허함과 나태함도 빛은 그들을 에워싸고 찬란한 세계로 일으키기 때문이다. 우리가 그것을 이기고자 약물로 치유하는 것도 있지만 잘못하면 중독에 빠질 수가 있다. 빛은 내 안에 푸르른 새싹이 돋아나게 한다. 그래서 내 안은 기쁨이 넘치고 소망을 가질 수 있다.

모나리자의 미소는 무욕과 평온의 빛이다
서로의 존재를 위로하는 작은 힘이 있고
무언의 고백과 약속이 있다
어머니의 품속처럼 다스함이 살아 있고
살아 있는 힘을 느낀다

빛의 정신으로 세상을 바라보면은
모나리자의 미소를 불러일으키고

내게 강 같은 평화를 불러일으킨다

고난과 역경을 새벽빛으로 인도하고
세상이 눈부시게 아름답다

-〈모나리자의 미소〉 중에서

레오나르도 다빈치의 모나리자의 미소는 무욕과 평온의 모습이다. 빛의 울림의 눈으로 바라보면 무욕과 평온의 모습을 불러일으키고 내 안에 평강의 숨결을 일으킨다. 그 울림은 치유와 화해, 인내와 자애를 일으키기 때문이다. 인간에게는 분노가 있고 아픔이 있다. 그러나 분노는 또 다른 분노를 낳게 하고 악을 생성한다. 빛의 울림은 선을 생성한다. 이기적인 욕망보다 인애함을 일으키고 어머니의 품속처럼 따스하고 살아 있는 힘을 느낀다.

세상을 향한 거룩한 생명 빛 되어
이 세상을 위한 구원의
소망 되는 길은 빛에 있다

우리 뇌는 시냅스로 연결되어 있지만
빛의 울림이 있기에 작동하는 것이다

빛이 있기에 내가 있고
빛이 있기에 우리가 있고

빛이 있기에 우주가 있다

-〈세상을 향한 거룩〉 중에서

저자는 세상을 향한 거룩한 길은 빛의 울림에 있다고 본다. 그것은 욕망을 찬연한 세계로 인도하는 에너지가 있기 때문이다. 인간의 육신은 더 소유하고 싶고 비교하는 속성이 있다. 욕망이 사로잡히면 중독이 되어서 인간다운 삶을 살 수가 없다. 빛은 욕망의 존재가 아니다. 맑고 청명하고 푸르름을 주고 온 누리에 결실을 맺게 하는 존재다. 세상을 향한 거룩한 길은 빛의 울림에 있다.

나에게 삶의 동력은 무엇일까
부유함도 명예도 모든 것이 헛되고 헛되도다
나에게 있는 시공간은

그것으로 말미암아 마음을 다스릴 것이며

그 시공간은 언약이 있으며
하루가 천년같이 천년이 하루 같은 곳이다

-〈삶의 동력 1〉 중에서

그것은 사람들에게 존귀함을 일으키게 하며
온유함을 일으키게 하기 때문이다

나의 욕심이 내가 어리석음을 깨우치게 하며
욕망에 사로잡힌 나를 찬연한 숨결로 그곳은
일으키기 때문이다

-〈삶의 동력 2〉 중에서

우리 인생의 삶의 동력은 돈을 많이 벌 수 있는 경제력이다. 그래서 좋은 직업 전문적인 직업을 갖기 위해 공부를 하며 부모는 모든 것을 지원하며 능력자가 되는 것이다. 그런데 저자는 삶의 동력을 빛의 울림으로 보고 있다. 인간의 만족은 끝이 없고 그것을 유지하기 위해 평생 몸부림치지만 찬송의 삶은 삶이 가난해도 항상 감사가 넘치고 평강이 넘치고 삶의 만족은 크다. 시간과 공간은 언제나 온유함을 불러일으키며 존귀함을 불러일으키기에 행복한 삶을 가질 수 있다는 것이다.

그곳은 시기도 질투도 아니하고
항상 긍휼이 넘치는 곳,
애통하는 자에게
자비가 샘솟는 곳이다

항상 웃음꽃이 떠나지 아니하고
사막에 샘이 넘쳐흐르는 것처럼
내 안에 생명수가 솟아난다

-〈그곳이 머문 자리가 아름답다〉 중에서

빛의 울림의 삶은 내가 어떤 자리에서 최고가 되는 삶이 아니다. 내가 살기 위해 상대방을 비방하고 경계하며 자신의 명예를 최고로 높이는 삶이 아니다. 경쟁과 능률을 높이는 사회는 인간 존재 자체를 도구로 삼기에 내 안에 찬송적 삶을 바라보고 있다. 그곳에는 긍휼이 넘치고 자비가 샘솟는 곳이기 때문이다.

내가 아픔이 오고 내가 슬픔이 와도
그곳은 나를 어루만지며
해마다 새잎이 돋아나듯
내 삶을 새롭게 하며
날마다 축복된 삶이 열리리라

환희가 가득한 삶
기쁨과 소망을 주는 삶
희망의 날갯짓하는 새들처럼

더 크고 너 넓은 세계를
이루리라

그곳은 새로운 세계가 열리는 곳이다

-〈삶을 새롭게 하며〉 중에서

우주의 질서와 내면의 도덕적 기준을
삶의 지침으로 삼아야 한다고
칸트는 말했지만
나에게는 그곳에 있다

그곳에 긍휼이 일어나고
자비가 일어나고
의로움이 일어나기 때문이다

우주 안에 흐르는 빛의 울림은 온유한 빛으로
푸르름을 생산하고 모든 생명의 에너지를
공급하고 있다

우리 안에 의로운 선한 울림이 일어난다면
사회가 변하고 인류는 전쟁이 멈추고
모든 자가 승리자가 되리라

-〈우주의 질서와 내면 기준〉 중에서

칸트는 우주의 질서와 내면적 기준을 도덕으로 삼지만 저자는 빛의 울림에 있다. 도덕은 인간 중심이고 지배욕과 물질욕을 다스릴 수 없다. 빛의 선한 울림은 세상을 감동으로 바라보는 것이다. 감동이 머무는 곳에는 긍휼이 일어나고 자비가 일어난다. 도덕은 판단의 의지이지만 감동은 호흡의 의지다. 감동은 양자도약에서 나오는 빛의 에너지다.

이성적 삶은 아픔과 슬픔의 감정을 다스리기가 힘들다. 세월이 지나갈수록 인간의 나약한 모습을 보면서 삶의 허무함을 보지만 빛의 선한 울림의 삶은 날마다 삶이 새롭게 축복된 삶이다. 그것은 의로움을 불러일으키기에 아픔과 슬픔도 치유가 되고 항상 축복된 삶이 열린다. 새들이 날갯짓을 하지 못하면 더 이상 하늘을 날지 못하는 것처럼 빛의 울림의 삶은 부활의 소망을 불러일으키기에 기쁨과 소망이 넘치는 삶이다.

그것은 세상 모든 정신을 대변할 수 있다
태초에서부터 지금까지

쉬지 않고 이어 왔으며 이 땅에 움이 돋고
순이 나고 꽃을 피워 왔다

그 울림이 있었기에 우리는 존재했고
우리는 사랑할 수 있었다

-〈태초의 정신〉 중에서

시인에게 태초의 정신은 빛의 정신이다. 그것은 존귀함과 온유함을 불러일으키기 위해 쿼크가 만나서 양성자가 되고 전자와의 관계 속에서 원자라 이루어진 것이다. 양자도약도 존귀함과 온유함을 불러일으키기 위해 에너지를 흡수 배출하며 우주의 시작점인 원자가 탄생한 것이다. 태초는 물질로 이루어졌다는 과학계와 정신을 창출하기 위하여 원자가 탄생했다는 저자의 말은 사실 이중성으로 보면 모두 다 맞는 말이다. 움이 돋고 순이 나고 꽃을 피웠다는 것은 존귀함과 온유함의 정신이 있었기에 꽃이 피어났다는 것이다.

시공간은 물리적 개념인가
아인슈타인은 중력에 의하여 시공간이
지배된다고 했다

물리적인 중력에 의하여 휘어진 공간의
뒤틀림은 사실이었다

신이 인간에게 내린 시공간은
매시간마다 존귀함을 일으키며 온유함을 일으키는
것으로 우주 만물이 태동하도록
설계된 것이었다

시공간의 탄생은 중력에 의한 것이었지만

시공간의 목적은 물질이 아니었다

그 속에 평안과 선함이 이루어지도록
우리의 시공간은 펼쳐져야 한다

탐욕이 앞서는 시공간은 지옥에 빠져들 수 있다

-〈시공간〉 중에서

아인슈타인은 상대성 원리에서 시간과 공간은 상대적이며 그것은 중력에 의하여 생성된다고 하였다. 우리가 살아가는 시간과 공간은 중력에 의하여 결정되었으며 그것은 거대한 물질에 의하여 좌우된다는 것이었다. 그런데 시인은 중력에 의하여 발생되는 우리의 시공간은 울림을 위한 시간과 공간으로 보고 있다. 즉 존귀함과 온유함을 불러일으키기 위한 시간 그리고 존귀함과 온유함을 불러일으키기 위한 공간이라는 것이다. 시공간이 물질에 의해서 생겨났지만 목적은 물질이 아니고 그 안에 평안과 선함으로 다가서야 한다는 것이다. 욕망을 위하고 자기만족을 위한 시공간이 아니다. 인류 역사뿐만 아니라 우주의 역사도 시공간의 존재를 빛의 울림의 존재로 바라보아야 한다. 시공간은 분명 아인슈타인의 상대성 원리에서 발견했다. 그런데 존재의 울림을 위하여 시공간이 탄생한 것이다.

빛의 3중성

초판 1쇄 발행 2026년 1월 28일

지은이 김준식
펴낸이 이기봉
편집 좋은땅 편집팀
펴낸곳 도서출판 좋은땅
주소 서울특별시 마포구 양화로12길 26 지월드빌딩 (서교동 395-7)
전화 02)374-8616~7
팩스 02)374-8614
이메일 gworldbook@naver.com
홈페이지 www.g-world.co.kr

ISBN 979-11-388-5363-7 (03810)